新时代创新驱动研究书系

本专著的呈现来源于"教育部人文社会科学研究青年基金项目"
企业社会责任履行偏好及动机研究——基于高管"故乡情结"的分析视角（19YJC630218）的资助。

市场分割与企业经营策略选择

——基于企业一体化、市场竞争与创新能力的视角

张婷婷　荣　幸／著

西南财经大学出版社

中国·成都

图书在版编目(CIP)数据

市场分割与企业经营策略选择:基于企业一体化、市场竞争与创新能力的视角/张婷婷,荣幸著.—成都:西南财经大学出版社,2023.9
ISBN 978-7-5504-5667-9

Ⅰ.①市… Ⅱ.①张…②荣… Ⅲ.①企业管理—市场管理—研究—中国 Ⅳ.①F279.23

中国版本图书馆 CIP 数据核字(2022)第 224371 号

市场分割与企业经营策略选择

——基于企业一体化、市场竞争与创新能力的视角

SHICHANG FENGE YU QIYE JINGYING CELÜE XUANZE

—JIYU QIYE YITIHUA SHICHANG JINGZHENG YU CHUANGXIN NENGLI DE SHIJIAO

张婷婷 荣 幸 著

责任编辑:林 伶
责任校对:李 琼
封面设计:墨创文化
责任印制:朱曼丽

出版发行	西南财经大学出版社(四川省成都市光华村街 55 号)
网 址	http://cbs.swufe.edu.cn
电子邮件	bookcj@swufe.edu.cn
邮政编码	610074
电 话	028-87353785
照 排	四川胜翔数码印务设计有限公司
印 刷	四川五洲彩印有限责任公司
成品尺寸	170mm×240mm
印 张	12
字 数	195 千字
版 次	2023 年 9 月第 1 版
印 次	2023 年 9 月第 1 次印刷
书 号	ISBN 978-7-5504-5667-9
定 价	62.00 元

前 言

新中国成立以来，我国历经多次分权式改革。20世纪80年代的地方分权将地方政府和地方官员的考核任务与地区经济发展、社会稳定紧紧地绑在一起，引发了地方政府为GDP、就业等经济和政治目标展开竞争，通过限制本地资源流出和外地产品进入的方式实施地方保护，形成了类似"诸侯经济"的市场分割局面。Poncet（2003）曾以关税等价的边界效应衡量中国省际边界分割水平，认为我国省际分割高于欧盟国家之间的分割，由此造成的效率损失占地区生产总值的20%左右（郑毓盛，李崇高，2003）。

中央政府在改革初期已经意识到市场分割的严重性及其对经济发展的不良影响，1993年中共十四届三中全会做出的《中共中央关于建立社会主义市场经济体制若干问题的决定》，将建立统一的全国大市场作为从计划经济体系向市场经济体系转型过程中要达成的重要目标之一。相关部门针对地区封锁和行政壁垒现象2001年出台《国务院关于禁止在市场经济活动中实行地区封锁的规定》（"303号文"），要求地方政府改变或撤消属于实行地区封锁或者含有地区封锁的文件。一直到进入经济发展新常态的今天，中央政府依然在强调打破地区分割和隐性壁垒，推动形成全国统一市场。然而即使中央政府出台了相关政策，其一旦触及地方政府利益、威胁某些行业的垄断地位，也会遭到地方政府的消极应对。典型案例如工信部联合国家发改委于2016年年底发布并于2017年实施的盐业体制改革政策，该政策允许食盐批发企业跨省备货、跨省销售，但由于竞争机制的引入打破了当地盐业公司的垄断地位，在改革实施40多天内，便出现多省份以各种理由查扣外地食盐的情况。也正是由于各行业中都存在类似情况，市场分割问题在经济进入转型升级时期的当下依然是我国经济发展的障碍之一。

学术界对市场分割经济后果的认知集中在宏观经济学领域，如阻碍长期经济增长、长期抑制产业升级、带来整体技术效率损失等，然而制度规则只有通过作用于微观组织行为形成传导机制，才能最终影响宏观经济绩效，因此将外部制度规则纳入对企业行为及其经济后果的考察具有重要意义。管理学领域对市场分割下微观企业经济活动及其后果的探讨相对缺乏，为本书的研究提供了空间和契机。

本书正是基于上述大背景，从市场分割下企业倾向于规模型扩张抑或创新型增长的分析视角，对企业发展过程中经营策略的选择进行研究。全书从构思到成型，再到正式出版，耗时数年。部分数据跨时较长，但其研究方法与创新可为后续研究提供数据支撑及思路借鉴。与以往文献相比，本书主要做了以下工作：

首先，本书验证了市场分割对微观企业一体化（本书主要讨论企业纵向一体化，企业横向一体化不在本书讨论范畴，后文同）水平的促进作用。以相对价格指数法衡量省际市场分割指数，以被广泛使用的价值增值比率衡量企业一体化水平。本书发现市场分割越严重的地区，企业尤其是地方国有企业的纵向一体化程度越高，作用机制主要是市场分割下企业面临的弱竞争环境降低了企业通过专业化分工提高企业效率和市场竞争力的动力，且地方保护为企业提供的丰富资源为企业创造了有利的一体化条件，从而导致这一结果。我们处于一个精细化分工的时代，企业面临的市场需求多样且变化频繁，企业间竞争日益激烈，专业化分工是提升企业对市场响应速度的重要手段之一，地方国有企业在市场分割的背景下进行一体化发展未必将占优资源配置到更有价值的方向，某种程度上可能是资源错配的体现。

其次，本书提供了市场分割阻碍经济发展从要素驱动、投资驱动模式转型为创新驱动模式，从粗放型增长模式转变为集约型增长模式的微观证据。我们既从纵向和横向两个维度验证了市场分割促进微观企业尤其是国有企业的规模型扩张，即市场分割越严重的地区，地方企业尤其是地方国有企业的一体化和多元化水平越高；同时也发现市场分割降低了地方国有企业的创新产出，即地方国有企业的规模型扩张，部分是以牺牲创新型增长为代价的。为了更清楚地观察市场分割对企业影响的区域性差异，我们引入异地子公司比例作为调节变量，发现市场分割对地方国有企业一体化水平的促进作用仅存在于异地子公司在总公司中占比较低的企业中，而市场分割对地方国有企业创新产出的抑制作用也随异地子公司在总公司中占比的增加而得到缓解。

最后，本书区分了市场分割对微观企业经济后果的短期正向影响和长期负向影响。市场分割下企业在竞争程度较低的环境中通过规模扩张获取市场力量，本书以企业营业收入增长率高于同行业其他企业的程度来衡量其产品市场竞争地位，验证了市场分割对地方国有企业市场竞争地位提升的推动作用，这种推动具备短期效应。技术创新是企业保持竞争力、获取长期发展的必要条件，因此本书检验市场分割下的企业创新产出水平，以探讨市场分割对企业的长期影响，并发现与短期正向影响相反的结论——市场分割伴随着地方国有企业创新产出的提升而降低。同样，异地子公司占比在两种相反的效应中都起到反向调节的作用。

在充分借鉴前人研究的基础上，本书在研究视角上具备一定程度的创新性，主要体现在：

其一，不同于当前为数不多的发现市场分割对微观企业负面影响的研究，本书从规模扩张和市场竞争地位的视角发现市场分割对微观企业的短期正面影响，从微观层面解释了市场分割存在的原因。

其二，不同于研究地方政府在地方国有企业中扮演"支持之手"或"掠夺之手"角色的文献，本书从短期支持和长期掠夺的视角发现在市场分割背景下，地方政府对微观企业短期和长期的影响存在矛盾。这种短期影响与长期影响的矛盾从多维视角说明了地方政府在国有企业发展过程中扮演角色的多面性。地方政府以分割市场形式为企业提供的"支持之手"，虽然在短期内有一定的积极作用，但对企业长期发展存在不利影响。

其三，不同于多数从宏观视角分析市场分割经济后果的文献，本书基于微观视角对市场分割经济后果进行分析，且本书在微观层面发现市场分割促进企业规模型扩张却抑制创新型增长的结论与宏观层面文献的结论也是吻合的。市场分割推动了区域短期经济增长（陆铭和陈钊，2009），但区域潜在的经济损失是巨大的（郑毓盛和李崇高，2003）。这一反差与我国经济新常态转型也密切相关。经济新常态下，企业粗放型增长需要转变为创新型增长，而市场分割推动的正是以要素资源推动的粗放型增长，但这种推动并非为最优的。

新常态经济的特点之一是从要素驱动、投资驱动向创新驱动转变。本书发现市场分割推动的微观企业规模型扩张是以阻碍创新型增长为代价的，短期内产品竞争地位的提升是以长期内创新能力下降为代价的。这既为现有政策提供了实证依据，也从微观角度证明了市场分割下资源配置的错位。且本书的结论主要存在于地方国有企业中，然而长期来看市场分割导致的资源错配不仅抑制了非国有企业在市场上的资源获取和发展，对国有企业也是不利的，市场分割下没有真正的"赢家"。

2018年中央政治局会议强调"……推进区域协调发展战略，扩大消费和促进有效投资……"，打破市场分割，才能营造公平合理的竞争环境，促进区域协调发展，促进向创新驱动型经济的转变。然而市场分割内生于经济增长，打破市场分割势必会影响部分地方政府和企业的短期利益，本书的研究也发现市场分割推动了地方国有企业的规模扩张，短期内提高了其市场竞争地位，这在微观上可能成为逐步消除市场分割的障碍之一；因此考虑国有企业的利弊得失，使微观企业着眼于长期发展，成为市场整合的助力者，是打破市场分割的形式之一，也是本研究考虑的主要方向。

笔者

2023 年 5 月

目　录

1 导 论

1.1 选题背景及问题提出

市场分割是我国从集权的计划经济体制向社会主义市场经济体制转轨过程中的产物，源于改革开放过程中以下放财政权和税收权、投融资权和企业管辖权为核心的行政性分权改革（银温泉和才婉茹，2001），以及改革开放前赶超型地区发展战略的历史背景（林毅夫和刘培林，2004）。在这样的背景下，地方政府为增加财政收入、解决就业和社会稳定等，同时地方官员为获取晋升机会（周黎安，2004）而展开竞争，引发地方政府为维护本地利益实施地方保护主义，通过行政手段限制资源流动产生市场分割行为。地方分权及地方官员以财政收入为考量标准的晋升激励虽然在调动地区经济发展积极性方面曾发挥过重要历史作用，但随着市场环境越来越完善，其引发的市场分割越来越成为经济发展过程中的一大顽疾，不断侵蚀着潜在的分工合作和市场整合收益。如果以关税等价（tarif-equivalent）的边界效应来衡量，中国省际边界分割效应甚至高于欧盟国家之间（Poncet，2003b），由此造成的效率损失占到了地方生产总值的 20% 左右（郑毓盛和李崇高，2003）。虽然近年来越来越多的证据（白重恩等，2004；Xu，2002；Fan and Wei，2006；桂琦寒 等，2006；陆铭和陈钊，2006）表明，随着改革开放的推进，中国区域间的市场分割已有所缓解，但当下依然存在各种政府政策下形成的市场分割。如 2008 年国际金融危机后，各地出台政策支持本地企业发展，地方保护主义下的市场分割迅速抬头，广西、安徽、南京、杭州、长春、东莞、佛山、海口等地出台了一系列"促销"本地产品的措施①。

近年来，各地政府行政干预下的市场分割现象并未消失，尤其是当本地市场受到冲击时，市场分割的行政保护经常出现。2012 年煤炭寒冬时期，甘肃政府以行政干预方式，通过控制铁路运力，减少宁夏和新疆煤炭调入；安徽省政府提出"皖电保皖煤"，本地电厂优先采购本地煤炭；河南省政府要求本地电厂必须采购一定比例本地煤炭②。2013 年双汇集团和江西地方行政部门发生纠纷，双汇集团指控由于其进入江西后冷鲜肉价格比小屠宰场的价格便宜，遭到江西弋阳官员及江西当地同行排斥，导致其难以进入江西市场③。2017 年一起类似事件在广东发生，广东雷州的双汇生鲜肉经销商在 2017 年 5 月 3 日正式开业后不到一个月便被当地有关部门以各种理由检查扣押，不允许在雷州市内销售双汇生鲜肉，而只能销售雷州食品公司的猪肉。双汇集团在 2013 年以 71 亿美元收购史密斯菲尔德公司，敲开美国市场大门，却发现进入国内某些省市县市场比进入国外市场要难得多，在某些地方保护严重区域被排挤的状况时有发生。需要特别指出的是，市场分割的行政保护并没有在中央的相关政策下得到根治，2016 年年底工信部联合国家发改委下发了《关于加强改革过渡期间食盐专营管理有关工作的通知》，通知规定，省级食盐批发企业可以跨省备货，省级以下食盐批发企业可以在省内跨区备货，取得批发许可的食盐定点生产企业可以通过自建物流系统等方式开展食盐销售经营活动。该项改革于 2017 年实施，盐业定点生产企业认为跨省卖盐合理合法，然而在改革实施 40 多

---

① http://news.hsw.cn/system/2009/02/04/006582810.shtml.
② http://finance.ifeng.com/news/industry/20120921/7064556.shtml
③ http://finance.qq.com/a/20131016/017963.htm

天内，便出现多省份以各种理由查扣外地食盐的情况，因为盐改引入的竞争机制威胁到本地盐业公司的垄断地位①。

在中国经济新常态下，经济增长模式正由要素驱动、投资驱动向创新驱动转变，2015年印发的《中共中央国务院关于深化体制改革加快实施创新驱动发展战略的若干意见》中指出，打破行业垄断和市场分割，是营造激励创新的公平竞争环境的关键所在，意见明确要求要切实加强反垄断执法，打破地方保护，清理和废除妨碍全国统一市场的规定和做法，纠正地方政府不当补贴或利用行政权力限制、排除竞争的行为，探索实施公平竞争的审查制度；国家发展改革委员会于2016年8月印发的《关于贯彻落实区域发展战略促进区域协调发展的指导意见》中也要求，打破地区分割和隐形壁垒，推动形成全国统一市场，以促进各类生产要素有序自由流动、优化配置。可见在中国经济发展进入新阶段的过程中，地区间市场分割依然是政府关注和重视的问题之一。

中国分权性改革及地方赶超发展战略背景下形成的市场分割虽然短期内为地方政府赢得了财政收入和社会稳定，但在长期却不利于全国经济的发展，造成技术效率损失（郑毓盛和李崇高，2003）及能源效率损失（陆远权和张德钢，2016）、社会资源配置扭曲（银温泉和才婉茹，2001），妨碍国内规模经济的形成（陆铭和陈钊，2009），甚至对环境治理产生不良影响，导致碳排放增加（张德钢和陆远权，2017）等。学术界对市场分割经济后果的研究集中在宏观层面，在经济学或社会学领域进行了一系列探讨，管理学领域却少有文献探寻其在微观层面对企业产生的影响。制度规则要最终影响宏观经济绩效，势必要通过作用于微观组织行为才能形成传导机制（Rajan and Zingales，1998），对企业微观行为的考察，有助于我们加深对宏观经济现象的理解。尤其在制度转型国家，将外部制度规则纳入对企业行为及其经济绩效的考察具有重要意义。认清市场分割对企业发展

① http://finance.sina.com.cn/roll/2017-02-15/doc-ifyarrcf4030851.shtml

过程中经营策略选择产生的影响，既可为市场分割经济后果提供微观补充，也有助于反过来指导制定抑制市场分割的政策，更全面地审视政策可行性。

1.2 研究意义

本书在以往理论和实证研究的基础之上，梳理有关文献，试图提供新常态经济发展阶段市场分割在微观层面经济后果的相关证据，弥补人们对市场分割经济后果在微观层面认知的缺乏，也尝试从微观层面找出市场分割长期存在的原因，以期为相关政策制定提供可参考的依据。

1.2.1 理论意义

首先，本书拓展和丰富了我国市场分割微观经济后果的相关研究。企业是市场经济的参与主体，企业的经济行为构成了宏观层面的经济发展模式，对微观企业经营策略等经济行为的探讨，既拓展和丰富了市场分割经济后果的研究，也有助于政府和学者更全面、更具体地认识市场分割带来的影响。

其次，我们的研究为市场分割的长期存在提供了微观证据。从宏观经济后果看，无论是经济增长（陆铭和陈钊，2009）、工业结构升级（踪家峰和周亮，2013）或者出口贸易（陈媛媛，2012）等，市场分割下实施的地方保护主义行为都会在短期内促进这些因素的增长，但在更长的期间或更本质的层面，却不约而同地会产生负面后果。与市场分割正向影响即期宏观经济后果不同，目前少有的研究市场分割对微观企业影响的文献，都发现其对企业的负面影响（张杰 等，2010；宋渊洋和黄礼伟，2014；曹春方 等，2015；陆远权和张德钢，2016；张德钢和陆远权，2017），那么我们就无法从微观层面解释市场分割为何长期存在。地方保护政策推动导致的市场分割是政策供给方（政府和官员）和政策需求方（各个利益阶层）合力的结果（Poncet，2005），那企业作为政策需求方其中的一员，除了负面影响外又获得了哪些好处，也值得我们进一步讨论分析，并以此为市场分割的长期存在提供微观层面的证据。

最后，本书拓展和丰富了政府在企业经营发展过程中角色定位的相关研究，分别从短期和长期两方面提供了新的分析角度。企业发展是地方政府实现其 GDP 增长、就业、税收、及社会稳定等目标的重要途径，地方政府在企业发展过程中既扮演着将稀缺资源优先分配给国企的"支持之手"（Garnaut et al.，2001；黄孟复，2007）；又扮演着迫使国企替政府分担就业、社会养老等政治任务的"掠夺之手"（Lin et al.，1998；马连福和曹春方，2011）。我们以市场分割为研究对象，分析这一制度性政府行为在企业发展中扮演的角色，从企业专业化分工角度分析企业边界选择，并在此基础上分别从短期和长期两方面分析市场分割下政府在企业发展过程中扮演的角色，兼顾地方政府的双面角色。

1.2.2 现实意义

为破除地区封锁和行政垄断，国务院已多次采取措施对地方保护主义大力整改。

2001 年 4 月，国务院发布《国务院关于禁止在市场经济活动中实行地区封锁的规定》，又称"303 号文"。该文件要求地方政府改变或撤消属于实行地区封锁或者含有地区封锁内容的规定。在中国加入 WTO 后，又重新对此类文件进行大规模清理，这些文件包括：直接限制外地产品和服务进入本地市场的；限制本地产品和服务进入外地市场的；专门针对外地产品和服务进入本地市场收取费用的；专门针对外地产品而且阻碍外地产品进入本地市场的技术、检验、认证措施；对外地产品和服务进入本地设定许可或审批的；指定经营、购买、使用本地产品的。然而该政策遭到地方政府的消极应对，效果并不理想。

2013 年十八届二中全会和十二届全国人大一次会议审议通过了《国务院机构改革和职能转变方案》，计划用 3 至 5 年时间完成该方案提出的各项任务，在 2013 年所列任务中，其中重要一项即为消除地区封锁，打破行业垄断，维护全国市场的统一开放、公平诚信、竞争有序，且整改力度较大、决心很坚定。2016 年，国务院又印发《关于贯彻落实区域发展战略促进区域协调发展的指导意见》，要求打破地区分割和隐形壁垒，推动形成全国统一市场。党中央采取的各项措施中皆对地方政府滥用权力限制、排斥竞争的行为进行了一定程度的规范，然而地方政府追求短期利益的自利性使市场分割无法在短期内消除，且困难重重。

国务院发布的相关文件中多次指出打破行政垄断和地方保护是中国经济新常态下经济转型的关键所在。一方面，在经济发展由要素驱动和投资驱动向创新驱动转变阶段，政府实施市场分割的动机和影响因素都有可能发生新的转变。在官员考核不再"唯 GDP 论英雄"的经济转型过程中，深入探讨市场分割在微观层面的影响有重要的现实意义，有助于深化政府对分割策略后果的具体认识。另一方面认清企业经营发展在分割状态下的利弊得失有助于反过来为整改政策提供制定依据，企业既可能成为打破分割的障碍，也可能成为政策实施的助力者。

本书的研究结论从微观层面为政策制定提供了切实证据和政策建议，主要表现在三个方面。其一，习近平总书记在党的十九大报告中指出："我国经济已由高速增长阶段转向高质量发展阶段。"这并不是说我国经济当前已经处于高质量发展状态，而是对新时代经济发展提出的要求和期待，在这个新的时代，我们要追求高质量发展，而不是追求高速度增长。本书发现市场分割下企业尤其是地方国有企业倾向于一体化和多元化的规模型扩张，其虽在政府推动下获得占优的竞争地位，却压缩了研发投入，导致创新活动的减少。本书提供了市场分割阻碍经济向高质量发展阶段转变的证据，提供了市场分割阻碍新常态下经济发展由要素驱动、投资驱动转向创新驱动转变的证据。其二，随着我国社会经济的不断发展，经济增长方式面临从要素和投资拉动型向创新驱动型转变，提升科技创新能力成为经济发展的中心环节。"创新"已成为新时代经济发展的关键词。2018年的政府工作报告指出，过去 5 年中国的全社会研发投入规模已跃居世界第二，并再次动员要"落实和完善创新激励政策"，抓紧修改"有悖于激励创新的陈规旧章"。2015 年 3 月 23 日印发的《中共中央、国务院关于深化体制机制改革加快实施创新驱动发展战略的若干意见》中指出创新是推动一个国家和民族向前发展的重要力量，要打破制约创新的行业垄断和市场分割，营造激励创新的公平竞争环境。本书发现的国企创新产出随市场分割程度加深而降低的结论也恰好与这些政策呼应，为讨论创新驱动发展战略下打破市场分割的必要性提供了实证依据。其三，从党的十八大提出"保证各种所有制经济依法平等使用生产要素、公平参与市场竞争、同等受到法律保护""支持非公有制经济健康发展"，再到十九大明确"支持民营企业发展，激发各类市场主体活力"，又到二十大"优化民营企业发展环境，依法保护民营企业产权和企业家权益，促进民营经济发展壮大"。本书的结论证明长期来看市场分割的资源配置扭曲不仅抑制了民企在市场上的资源获取和发展，对国企也可能是不利的，市场分割之下，在非公平的竞争中并没有实质性的"赢家"。要营造多种所有制经济公平发展的市场环境，打破政府主导的市场分割将是有效路径。

1.3 核心概念：市场分割

1.3.1 市场分割的定义

臧跃茹（2000）指出地方市场分割主要指地方政府利用行政力量对外地商家进入本地市场、本地企业及资本流出加以限制或歧视的行为。银温泉和才婉茹（2001）也对市场分割进行了明确的定义，与臧跃茹对市场分割的理解一致，他们认为市场分割主要指一国范围内各地方政府为了本地利益，通过行政管制手段，限制外地资源进入本地市场或者限制本地资源流向外地的行为。这一理解已成为众多学者的共识。

吴小节等（2012）基于组织社会学制度理论的视角，从更细致的角度对市场分割的概念及内涵进行了更详细的解析，他们认为上述臧跃茹（2000）、银温泉和才婉茹（2001）以及延用同一概念的学者对市场分割的理解属于"基于行为观点"流派，除了这种观点之外，还有另一种基于结果观点的理解，如陆铭和陈钊（2006）、方军雄（2009）对市场分割的理解侧重点在状态，认为地方市场分割是地方保护主义行为所衍生的地区之间竞争损害整个社会资源配置的一种非整合状态。冯兴元（2010）对上述两种观点进行整合，并提出一个更具操作性的定义：市场分割既可以指分割市场的行为，也可以指市场的非整合状态。前者强调过程和行为，后者强调状态。从行为主体来看，市场分割既可以是中央政府或者地方政府所为，也可以是行业主管部门所为，甚至可以是私人权利集团（如私人垄断集团、寡头、卡特尔）所为。地方市场分割特指地方政府或地方行业主管部门或者地方私人权利集团的分割市场行为。

本书对市场分割的理解将行为观点和状态观点相结合，同冯兴元（2010）对市场分割的定义一致，市场分割既可以指分割市场的行为，也可以指市场的非整合状态。也正是地方政府利用行政手段采取的一系列地方保护、分割市场的行为，才导致中国区域间"诸侯经济"的市场分割状态，二者本质上都是中国政府在经济转型过程中特殊的制度选择，是一种制度性政府行为。

1.3.2　市场分割的度量

中国国内市场间的非一体化问题由来以久，分权制改革后沈立人和戴园晨（1999）、臧跃茹（2000）、银温泉和才婉茹（2001）等国内学者从理论层面分析了市场分割的成因、发展现状及表现形式，国外学者如 Kumar（1994）、Naughton（1999）、Young（2000）、Poncet（2002，2003a）等尝试使用不同的方法对中国省际市场分割程度进行度量。然而由于地方保护并非仅采取跨地区贸易征收关税或者发放许可证的形式，而更多采用的是隐性壁垒的形式，故其程度难以直接度量，导致不同学者使用不同方法对中国市场非一体化状态进行测度的结果很难保持一致。

本节我们对迄今为止学术界对市场分割的度量方法进行回顾分析、总结和对比，以期使用最合适的衡量方法进行实证分析。当前文献研究关于市场分割程度的测度方法主要有贸易流量法（Kumar，1994；Naughton，2003；Poncet，2002）、产业结构法（Young，2000）、生产法（Xu，2002；郑毓盛和李崇高，2003）、专业指数法（白重恩 等，2004；范剑勇，2004）、价格指数法（Poncet，2003a；Parsley and Wei，1996，2001；桂琦寒 等，2006；陆铭和陈钊，2009；刘瑞明，2012；陈刚和李树，2013；曹春方 等，2015），以及普适度较低的调查问卷法（李善同 等，2003a，2003b，2004）。

Young（2000）利用中国改革过程中区域间产量和价格差异的数据证明中国区域间普遍存在 GDP 结构和制造业产出结构趋同，而各地商品零售价格、农产品收购价格及劳动生产率差异却随时间推移扩大的现象。两类实证数据都表明中国区域间市场分割有愈演愈烈的趋势。

但是一些观点认为仅凭经济结构数据分析区域间市场分割问题，难以令人信服。Naughton（1999）指出中国区域间经济结构趋同可能是工业化迅速发展的结果，而且反映出中国经济发展正在摆脱计划经济下不合理的区域分工。所以 Naughton 提出贸易流量法，他认为省际贸易流量的变化更能说明区域间经济分割现象的存在，他对比了 1987 年和 1992 年中国省际工业品的贸易流量，发现 1992 年省际贸易流量显著高于 1987 年，指出中国经济一体化程度在不断增强，且增长迅速，在制造业内部各行业间占据主导地位。在 Naughton（1999）之前，Kumar（1994）也曾使用贸易流量法分析区域经济分割问题，他利用国有商业部门跨省商品流动量占 GDP 比重的数据分析了省际零售购买趋势，得出中国省际贸易量呈降低趋势的结论。但是针对 Kumar（1994）的分析，Naughton 认为国有机构的省际贸易量下降只针对国有经济，而中国改革开放后非国有经济占比不断提升，忽略非国有经济的省际交易量具有片面性。Poncet（2002）鉴于 Naughton 所使用数据年份的局限，在其基础上加上 1997 年数据以深化该研究，他使用"边界效应"的方法，利用计量经济学模型计算出反映贸易壁垒的综合指标，以考察中国的国内和国际市场一体化，结果显示中国各省虽然越来越融入国际市场，但省际贸易壁垒在 1987 年到 1997 年之间却有增无减，中国政府在打破因省际互相封锁而造成的经济结构零碎性等方面收效甚微。

暂且不论不同学者使用贸易流量法测试市场分割时对市场分割趋势做出的不同诊断，单就贸易流量法而言，也存在一定的缺陷。Engel 和 Rogers（2001）、Xu（2002）指出贸易流量存在两点缺陷，首先区域间的贸易流量可能是要素禀赋、规模经济导致的，实证过程中若不能对这些变量进行很好的控制，极有可能产生不可靠的计量结果；其次工业品整合仅仅是市场整合的一部分，省际劳动力和资本的流动也构成了市场整合的重要维度。Parsley 和 Wei（2001）则指出区域间贸易流量极易受到商品替代弹性的影响,高替代弹性的商品即使作出极小的价格调整,也会带来贸易流量的大幅变动。基于此,Xu(2002)等使用"生产法"研究中国省际经济一体化情况,他们借助中国1991—1998年省际数据,将各省实际的价值增值分解为受国家宏观影响、部门自身生产率影响和省份影响三个部分,用商业周期模型进行检验并发现虽然短期内各省的影响可以解释1/3的省际真实价值变动,但在长期内部门自身生产率的影响成为产出波动的主要因素,这个结果表明尽管改革过程中省际一体化还不充分,但正朝着有利的方向发展。郑毓秀和李崇高(2003)将中国宏观技术效率分解为省内技术效率、产出结构配置效率及省际要素配置效率,采用数据包络分析法(Data Envelopment Analysis)测算后发现,中国省内技术效率已改进不少,但仍无法弥补产出结构不合理和省际要素配置低效率造成的效率损失,地方市场分割造成了现实中资源配置的扭曲。

除生产法外,白重恩等(2004)、范剑勇(2004)在对地方保护主义和市场一体化问题的分析过程中使用地区专业化指数这一指标反过来推测地区间一体化水平,这一方法常用于欧盟、美国地区间一体化水平的判断上。白重恩等(2004)用Hoover系数测算了1985—1997年我国各地区专业化水平,发现我国产业地区专业化水平的整体趋势经历了早期微弱下降后,在改革开放后有显著提高,以此说明市场一体化程度的提高;范剑勇(2004)运用地区相对专业化指数、地区间专业化指数发现1980—2001年地区间平均专业化水平是上升的,说明改革20多年来地区间市场一体化水平也是提高的。使用这一方法,他们都得出地区间一体化水平上升的结论。但是以地区间专业化水平反向推测市场分割水平是一种间接测试方法,地区间专业化分工程度的影响因素与市场分割间仍存在一定差异。

综上可知,不同文献对中国市场分割情况的评价仍存在较大差异,除了从产出结构、生产效率、专业化指数等方面测试市场分割程度外,还可使用商品价格作为衡量市场分割的工具。桂琦寒等(2006)将相对价格指数法用于测量中国地区间市场分割程度，这一方法以 Samuelson（1964）的"冰川成本"模型为基础，最早用于测算美国、加拿大、日本等国之间及各国内部的"边界效应"，并受到多数研究者的认可（Parsley and Wei，1996，2001a，2001b；Engel and Rogers，1996，1998）。桂琦寒等（2006）认为市场主要包括商品和要素市场两大类，这两类市场只要一方能自由流动，则最终商品价格都会趋同；反之若二者都受到阻碍，则商品价格存在的差异便可反映出市场整合的程度，而且这种方法可以有效规避规模经济和商品替代弹性的影响，更为直接地反映出市场整合程度。因此桂琦寒等（2006）利用 1985—2001 年各地商品价格指数数据评价了中国相邻省份的商品市场整合程度及变化趋势，并得出中国国内市场的整合程度总体上呈现上升趋势的结论。自桂琦寒等（2006）将相对价格指数法用于分析中国区域间市场整合问题后，该方法在国内被广泛接受，国内学者多推崇这一方法（陈敏 等，2007；赵奇伟，熊性美，2009；陆铭，陈钊，2009；张杰 等，2010；刘瑞明，2012；陈刚，李树，2013；曹春方 等，2015；范欣 等，2017）。该方法成为目前研究市场分割问题时应用最为广泛的测量方法。

图 1-1 分别是 2002—2015 年以相对价格指数法计算的市场分割指数（左图）和以地区相对专业化指数测量的"地区专业化程度（右图）"随年份变化的走势图。其中相对价格指数的计算方法为本书选取的测试市场分割程度的方法，具体计算过程见第 1.4 节，该指数越大，市场分割程度越高。地区专业化程度参考范剑勇（2004），计算公式为：$K_i = \sum_k | S_i^k -$

$S_i^{-k} |$。其中 $S_i^{-k} = \dfrac{\sum_{j \neq i} E_i^k}{\sum_k \sum_{j \neq i} E_i^k}$，$S_i^k = \dfrac{E_i^k}{\sum_k E_i^k}$，$i$、$j$、$k$ 分别表示地区 i、j，产业 k；E_i^k 为地区 i 第 k 产业的就业人员数；K_i 即为地区相对专业化指数，表示某一地区三个产业专业化系数同全国其他地区相应产业专业化系数之差的绝对值之和；该指数反向说明市场分割程度，即地区专业化程度越

高，则市场分割程度越低。不同于范剑勇（2004），本书的行业 k 简单代指第一、二、三产业，数据来自《中国统计年鉴》和《中国劳动统计年鉴》。

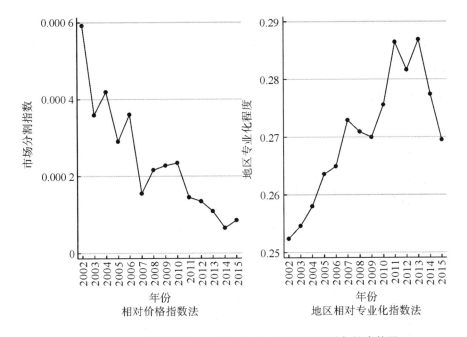

图 1-1　相对价格指数法、地区相对专业化指数法随年份走势图

图 1-1 显示，左图和右图对市场分割程度走势的描述一致，由于地区专业化程度可反向测试市场分割程度，对比后发现，随时间推进，市场分割程度在适度范围内波动并在整体上呈下降趋势。

当然除基于一价原理的相对价格指数法外，问卷调查法也是较为准确有效的测量方法。国务院发展研究中心发展战略和区域经济研究部组织的一项以政府官员、企业家、专家学者等为调查对象的问卷调查表明，中国的地方保护和市场分割问题的严重程度，比起 10 年前有所减轻（李善同等，2003a，2003b）。但是问卷调查法在操作方面难度系数较高，统计样本也会受到人为操作，普适度有限。

另外方军雄（2009）在研究市场分割与企业并购行为时，直接利用市场化程度对企业并购行为的影响来说明市场分割的存在，但是市场化程度的高低并不能代表市场分割程度（叶宁华和张伯伟，2017）。图1-2中我们对比了各省、区、市（除港澳台，后同）2002—2015年市场分割指数和市场化程度平均的差异，与郭勇（2013）、叶宁华和张伯伟（2017）的发现一致，在图1-2的对比中我们发现有些经济较落后的省如甘肃、广西和贵州的市场分割程度低于北京、上海和天津等经济较发达的省。与此同时，同样处于经济发展程度较低的青海、新疆等省却有着较高的市场分割程度。

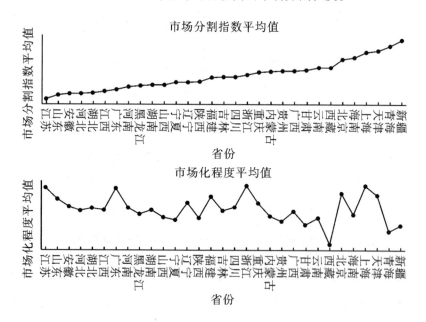

图1-2 2002—2015年各省、区、市（除港澳台）

市场分割指数平均值与市场化程度平均值对比

1.4 方法与数据

1.4.1 市场分割数据测量

通过上述对市场分割概念的分析及对目前文献中所用测量方法的对比，本书沿用桂琦寒等（2006）及随后大量研究市场分割问题的文献的做法，以相对价格指数法衡量市场分割程度。相对价格指数法以"冰川成本"模型为基础，该模型的核心思想是以交易成本的存在解释地区间一价定律（Law of One Price）的失效。即两地间若存在交易成本，则两地同一种商品的价格不可能完全相等，会在一定范围内上下波动。假设商品 k 在 i 地价格为 P_i^k，在 j 地价格为 P_j^k。商品在两地间运输损耗的那部分成本称为"融化"了的"冰川"成本。假设该损耗单位价格为 c（$0<c<1$），则只有当 $P_i^k(1-c) > P_j^k$ 或 $P_j^k(1-c) > P_i^k$ 时，存在套利空间使得商品得到在两地间进行贸易的机会。反之若上述条件不成立，则地区间商品的相对价格 P_i^k/P_j^k 在无套利区间 $[1-c，1/(1-c)]$ 内波动。此时可以发现，即使两地间不存在贸易壁垒，相对价格 P_i^k/P_j^k 也存在一定的波动范围，不一定趋近于1。这样一来即使两地间商品价格波动方向或幅度不同，地区间也有可能是整合的。此时一价定律失效。Parsley 和 Wei（1996，2001a，2001）拓展了相对价格法的应用，以相对价格方差 $\text{var}(P_i^k/P_j^k)$ 变动为考察对象，如果 $\text{var}(P_i^k/P_j^k)$ 随时间变化收窄，则反映出相对价格波动范围缩小，即冰川单位成本 c 降低，无套利区间范围缩小，这就说明两地间贸易壁垒降低，即市场分割程度减弱。因此，市场分割的相对价格指数法是将两地间相对价格作为市场分割程度的动态指标。

在具体计算过程中，需要将两个省份间商品价格数据转化为省份间分割程度的动态指标，而在商品选取方面，我们参考赵奇伟和熊性美

（2009）选取食品、烟酒及其用品、衣着、家用设备及其用品、医疗保健用品、交通和通信工具、娱乐教育文化用品、与居住相关的产品与服务八类居民消费商品为计算基础。以 2001 年大类调整后《中国统计年鉴》中的分地区居民消费价格指数来计算，差分计算之后的分割指数样本为 2002—2015 年。详细计算过程如下：

（1）参考桂琦寒等（2006）的做法，相对价格采用一阶差分形式：

$$\Delta Q_{ijt}^k = \ln(P_{it}^k / P_{jt}^k) - \ln(P_{it-1}^k / P_{jt-1}^k) = \ln(P_{it}^k / P_{it-1}^k) - \ln(P_{jt}^k / P_{jt-1}^k),$$

（2）为了解决取对数形式后 i 地与 j 地价格的分子分母位置调换引起的 ΔQ_{ijt}^k 符号反向变化的问题，选用绝对值 $|\Delta Q_{ijt}^k|$ 来衡量相对价格。

（3）为更准确地度量特定地区间的分割程度，还需要剔除 $|\Delta Q_{ijt}^k|$ 中由商品自身特性导致的变动以及市场环境等随机因素导致的变动。假设 ΔQ_{ijt}^k 由 α^k 与 ε_{ijt}^k 构成，α^k 仅与商品种类相关，ε_{ijt}^k 与两地间特殊的市场环境相关，要消去 α^k 项，需要采用去均值（Parsley and Wei，2001a，2001b）的处理方法：$|\Delta Q_{ijt}^k| - \overline{|\Delta Q_t^k|} = (\alpha^k - \overline{\alpha^k}) - (\varepsilon_{ijt}^k - \overline{\varepsilon_{ijt}^k})$，先求出所有互不重复的两省间相对价格绝对值的均值 $\overline{|\Delta Q_t^k|}$，再用 $|\Delta Q_{ijt}^k|$ 减去这个均值，即可得相对价格变动 q_{ijt}^k：

$$q_{ijt}^k = \varepsilon_{ijt}^k - \overline{\varepsilon_{ijt}^k} = |\Delta Q_{ijt}^k| - \overline{|\Delta Q_t^k|} = \left| \ln(P_{it}^k / P_{jt}^k) - \ln(P_{it-1}^k / P_{jt-1}^k) \right|$$
$$= \left| \ln(P_{it}^k / P_{it-1}^k) - \ln(P_{jt}^k / P_{jt-1}^k) \right|$$

（4）对相对价格变动求方差得到市场分割指数 var（q_{ijt}^k）。

（5）本书的相对价格方差为共 9 年每年 930（31×30）对两两组合的方差值，然后参考盛斌和毛其淋（2011）的做法，将它们按省份合并，如四川省的市场分割指数就是四川和全国其余各省份组合的相对价格方差的均值。这样便可以得到"省份-年份"市场分割指数值，对其进行标准化处理以消除量纲影响。

市场分割的测算需要 3 维（$t*i*k$）的面板数据，上述计算过程所涉及的公式中，t 为时间，i，j 为地区，k 为商品。最后得到每个省份每年的市场分割指数值（msi），该指数值越大，地区间市场分割程度越高。

1.4.2 数据来源

在使用相对价格指数计算市场分割指数的过程中，需要各省份每年特定的商品价格指数，我们选取的居民消费商品数据取自《中国统计年鉴》中"价格指数"→"分省份居民消费价格指数"。取得该数据后，按以上步骤进行计算，得到"省份-年份-msi"结构的市场分割指数值。其中本书参考盛斌和毛其淋（2011）在考察中国市场分割时将测算范围扩展为整个国内市场，同以往只考虑相邻省份（桂琦寒 等，2006；陆铭和陈钊，2009）不同，这样做能修正原指标存在的局限和偏差，更好地反映整个国内市场的市场分割情况。

在比较相对价格指数法与地区专业化指数法、市场化程度等方法间差异时，地区专业化指数中的数据取自《中国统计年鉴》和《中国劳动统计年鉴》，市场化程度数据取自王小鲁等（2016）编制的《中国分省份市场化指数报告（2016）》。

1.5 结构和内容安排

本书一共分为6章，其中第1章为导论，主要介绍本书的选题背景、理论和现实意义、所用核心指标市场分割的度量方法及数据来源，以及本书的结构内容和创新之处。最后1章为全书总结和政策含义及建议，并对本书研究存在的不足之处进行反思，对未来可进一步拓展的方向进行展望。

第2章为文献回顾和综述，这一部分主要回顾了迄今为止国内外关于市场分割、市场一体化、地方保护主义等市场分割相关问题的研究情况及主要结论，并针对当前研究现状提出研究尚不充分、有待进一步拓展的领域和方向。我们细分三个部分进行回顾和总结，首先总结了改革开放以来市场分割的发展趋势，经济的区域间分割状态是趋于严重还是趋于缓和。综合已有文献，我国市场分割趋势在2000年前后存在小范围的争议，且在相对价格指数法被应用以前，学者们往往通过不同的测量方法得出不同的结论；但随着市场化改革和转型的深入推进，经济增速不断提高，中国国内市场日益呈现整合趋势，在测量方法上，桂琦寒 等（2006）的相对价格指数法也得到广泛应用。其次本章回顾了市场分割相关成因和影响因素的文献，基本上现有研究对市场分割成因的分析主要从分权式改革、政治晋升、分工策略等角度展开，相关影响因素涉及对外开放（陈敏 等，2007；陆铭和陈钊，2009）、地区国有经济比重或国有化程度（白重恩 等，2004；刘瑞明，2012）、转移支付（范子英和张军，2010）、政府对经济活动的参与程度（陈敏 等，2007）、地区司法独立性（陈刚和李树，2013）、地区间技术差距等。目前学界对市场分割形成的制度根源与历史背景的研究已颇为深入，相关影响因素也主要从地方政府考虑的地方利益为切入点进行分析，在官员考核正逐渐发生转变，不再"以GDP论英雄"的制度现实中，市场分割的影响因素也必然随之转变，这也为以后的研究提供了新的机会和空间。最后分别从宏观和微观层面回顾了市场分割经济后果的相关研究，宏观层面包括市场分割对经济增长（Poncet，2003；陆铭和陈钊，2009）、产业结构升级（郭勇，2013；踪家峰和周亮，2013）、效率损失（郑毓盛和李崇高，2003；平新乔，2004；师博和沈坤荣，2008）、国家出口贸易（朱希伟 等，2005；陈媛媛，2012）等方面的影响，研究内容丰富，结果也不尽相同。微观层面的经济后果则相对较少，这也为本书提供了极大的后续研究空间。

第3章以微观企业纵向一体化战略选择为切入点，分析市场分割是否以及如何影响企业的边界选择，重点关注市场分割下企业是否更倾向选择一体化经营策略。同时加入产权进行讨论，分析市场分割这一制度性政府行为是否对国有企业和非国有企业表现出不同的影响结果。为了证明结果的稳健性，我们剔除了市场分割中由自然和技术因素造成分割的干扰部分，寻找企业一体化程度的替代变量进行测量，以验证主结果的稳健性。本章还对交易成本理论和市场范围理论的竞争性解释予以排除。随后区分拥有不同占比的异地子公司的企业异质性，和市场竞争不同激烈程度的外部市场竞争环境异质性，去验证市场分割对企业一体化策略影响机制的稳健性。综合检验之后，本章发现市场分割促进了企业纵向一体化经营策略的选择，且这种效应仅表现在国有企业中。经过反复验证后，发现市场分割下企业一体化经营策略的选择是由地方政府对地方国有企业的资源政策优待所致，地方国有企业凭借占优资源不断发展，牺牲了专业化分工可带来的更高效率的发展模式。且这种效应在异地子公司较多的企业中和市场竞争程度更为激烈的地区被削弱。延续地方国有企业在市场分割下利用占优资源进行规模扩张的逻辑，我们从横向多元化的角度进行拓展分析，结果与纵向发展类似，市场分割下企业尤其是地方国有企业在纵向和横向上都表现出规模化扩张趋势。

第4章针对地方国有企业的资源占优情况，分析市场分割下地方国有企业是否获得了更高的市场竞争地位，同时与非国有企业结果进行对比。不少国有企业相信自己做大做强凭借的是自身实力，依靠自主知识产权的核心技术[1]或自己打造的完整价值链[2]等，在一些媒体和学者眼中，国有企业在市场上居于优势地位似乎确是劳有所获。因此我们尝试观测地方国有企业的市场竞争地位所导致的业绩结果是否是由或者有多少是由政府推动的。同时本章还以异地子公司占比对市场分割下地方国有企业的影响进行修正，以更好地考察市场分割真实影响因素的精度和力度。为验证结果稳

---

① http://people.cn/BIG5/shizheng/252/10307/10359/20030313/942626.html.

② http://finance.eastmoney.com/news/1346,201503304491577822.html.

健性，本章同样剔除了由自然和地理因素对市场分割造成的影响，同时对市场竞争地位进行替代变量的稳健性测试，为体现市场分割的影响表现出的产权差异，本章也以非国有企业为对照样本进行市场分割影响企业产品市场竞争地位的实证检验。计量回归结果及稳健性检验都表明市场分割越严重的地区，地方国有企业拥有越高的产品市场竞争地位。本章还试图对该效应的作用机制进行更具体的探讨，通过要素市场上地方国有企业获得的信贷资源支持和产品市场上销售成本的降低分别验证了市场分割下地方国有企业在要素和产品市场上占据的优势。

第 5 章分析了市场分割对地方国有企业创新产出的影响，既与第 3 章企业纵向一体化和横向多元化结果形成规模型扩张和创新型增长的呼应，又与第 4 章市场竞争地位形成短期效应和长期效应的对比。与第 4 章类似，我们同样以异地子公司占比作为调节检验，以更好地考察市场分割影响企业创新产出的地域性差异。实证发现市场分割下地方企业的资源优势存在资源诅咒效应，且资源诅咒效应随异地子公司比例的增加得到缓解。首先，地方国有企业承担的政策性负担限制了其投资的自由，市场分割下向企业积聚的资源会进行更多符合地方政府收益的投资，如更多的过度投资（曹春方 等，2015），某种程度上以牺牲创新投入为代价。基于此，本章检验了市场分割对地方国有企业创新投入的影响，发现市场分割越严重，地方国企的创新投入强度越低，该效应也随异地子公司比例的增加而被削弱。其次，市场分割为地方企业营造的低竞争压力环境削弱了企业通过"逃离竞争"机制从事创新活动以获取超额利润的动力。基于此，本章在实证检验方面，验证了"资源诅咒"效应在行业异质性中的差异，区分企业所处行业的竞争程度和是否属于高新技术行业后，发现资源诅咒效应仅存在于行业竞争程度较低及非高新技术行业的企业中。

第 6 章对全书内容进行总结，并提出相应的政策建议，同时对本书研究存在的问题进行反思，对未来可能的研究方向做出预测。本书的研究框架参见图 1-3。

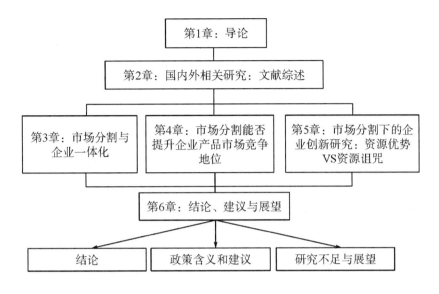

图 1-3　本书的研究框架

1.6　创新之处

本书在以往理论和实证研究的基础之上，梳理相关文献，试图在分权制改革形成的市场分割的大框架下探讨微观企业经营策略决策受到的影响与作用机制。本书首先研究市场分割对企业纵向一体化选择的影响，进而探讨企业在市场分割下得到的地方保护是否推动其获取到更高的产品市场竞争地位。企业一体化的经营策略选择，属于企业规模型扩张的一部分，而企业在规模型扩张的同时，能否兼顾其创新型增长？同时产品市场竞争地位的提升主要表现为企业营业收入的增长，是短期经济后果，市场分割下企业能否兼顾长期发展？而这两个问题都集中在市场分割对企业创新产出的影响方面。回顾已有文献，本书的主要贡献和创新体现在如下几个方面：

第一，弥补了市场分割对企业微观层面探讨的不足。已有研究多集中在市场分割对中国宏观经济问题的影响成因和后果讨论上，却相对缺乏对企业微观层面的深入分析，这可能导致我们对中国地区间存在的市场分割现象造成的危害和代价认识不足（张杰 等，2010）。本书分别从企业一体化战略选择、产品市场竞争地位及创新产出角度对市场分割下企业规模型扩张抑或创新型增长的经营策略选择进行探讨，并从产品市场竞争和创新产出的短期和长期经济效应层面分析市场分割下企业发展战略选择的经济后果。

第二，微观层面的探讨与宏观层面的结果形成呼应。一方面，Young（2000），王小龙和李斌（2002）发现市场分割降低了地区间专业化分工水平，造成区域同构现象。本书也从微观企业层面提供了市场分割促进企业一体化的证据，市场分割越严重，企业越倾向于一体化发展，反过来也即抑制了企业的专业化分工发展模式。地区间专业化分工水平的提升必然伴随着区域间企业与企业的相互协作，市场分割伴随的是企业的一体化发展倾向，既不利于区域内企业间的专业化分工，也不利于区域间企业与企业的分工协作。另一方面，本书得出的市场分割促进地方国有企业产品市场竞争地位提升，却抑制其创新产出的结论看似存在一定的矛盾，但这种既促进又抑制的反差也正是本书的重要创新之处。通常情况下，企业的市场竞争地位更多的是由企业自身发展水平所决定的，这在发达国家市场中更明显。而本书的研究，发现在我国政府行为的市场分割也是推动国企市场竞争地位的重要力量，并且市场分割虽然短期推动了其市场竞争地位，但却存在资源诅咒以致长期抑制了国企创新。这一反差与市场分割文献相关结论是吻合的，市场分割推动了区域短期经济增长（陆铭和陈钊，2009），但区域潜在的经济损失是巨大的。

第三，从短期和长期的双重视角拓展了地方政府在国有企业发展过程中扮演的角色研究。以往关于地方政府角色的研究既有基于父爱主义的

"支持之手"，也有需要国有企业承担就业、社会稳定和税收等政治和经济目标的"掠夺之手"。本书以市场竞争地位证明了市场分割对国有企业的短期支持效应，又从创新产出这一视角证明了市场分割对国有企业的长期掠夺效应，这种短期与长期的矛盾从多维视角说明了政府在国有企业发展过程中扮演角色的多面性。

第四，本书从微观层面解释了市场分割存在的原因，同时说明政府以市场分割提供的"支持之手"，虽然在短期有一定的作用，但对企业长期发展，尤其是我国经济新常态下企业的发展并不适合。市场分割阻碍国家长期经济增长，又得以长期存在的一个重要宏观解释是：地方政府通过市场分割追求地方短期经济增长，是各省博弈的占优策略（陆铭和陈钊，2009）。但微观实证中，如张杰等（2010）发现市场分割制约了中国本土企业在本土市场上的发展，企业退而求其次选择更多出口；宋渊洋和黄礼伟（2014）发现市场分割使得证券企业异地营业部跨地区经营的现象有所减少；曹春方等（2015）则发现市场分割更多表现出"掠夺之手"。这些观点难以在微观层面解释市场分割的长期存在。本书以市场分割对地方国有企业纵向和横向规模型经营策略的推动及产品市场竞争地位的提升，以及相关贷款和市场保护上的支持效应，从实证上支持了市场分割的"支持之手"，以此提供了市场分割长期存在的微观解释。

第五，为近几年中央推出的相关经济政策提供了实证依据。党的十九大报告指出我国经济已由高速增长阶段转向高质量发展阶段的论断，这一论断也是经济新常态下国家对经济发展方式转变的期待。经济新常态下，企业的粗放型增长需要转变为集约型创新型增长，本书第3章发现市场分割使企业在边界选择方面倾向于一体化，进一步又发现在市场分割带来的资源优势下企业也会更倾向于多元化经营策略，市场分割推动的正是以要素和产品资源推动的粗放型增长。但在新常态转型中这种推动作用是很不乐观的，因为在第5章本书又发现以创新为主的集约型增长受到抑制。本书的发现为经济新常态下国家对中国经济增长方式转型的要求和政策提出提供了实证依据。

第六，从微观层面提供了市场分割导致资源错配的经济后果。陆铭等（2004）发现市场分割源于落后地区对未来分工收益中谈判地位的期待，因此暂时不加入分工体系，但也造成社会总产品减少和资源配置效率损失；方军雄（2009）从并购区域的差异发现市场分割抑制了企业的异地并购，扭曲和降低了资源配置效率；宋渊洋和黄礼伟（2014）认为市场分割是企业国内跨地区经营面临的重要障碍之一，不利于企业利用各地区市场机会和异质性资源。类似的曹春方等（2015a）发现市场分割导致地方国有企业比民营企业拥有更少的异地子公司分布，及国有企业过度投资和企业价值的降低，都说明市场分割使资源配置偏离了最优状态。本书的研究发现市场分割下的资源主要集聚在国有企业，而不是向着更高利用价值的方向集聚，自然会导致资源的错配，并从长期创新能力视角发现市场分割造成的资源错配不仅抑制了非国企在市场上的资源获取和市场发展，对国企可能也会造成一定损害，以此提供了资源向有利于规模发展的项目而非有利于长期发展的研发项目聚集的证据。

2 国内外相关研究：文献综述

中国区域间市场分割是我国进行分权式、渐近式改革过程中形成的具有中国特色的经济现象，有其特定的制度基础。学术界关于市场分割的研究集中在三个方向：第一，中国区域间市场分割程度的发展趋势及测量，通过规范性理论分析或不同方式的实证测量考察中国自改革开放以来市场分割的发展趋势，以评估改革开放以来市场一体化的成果（Kumar，1994；Young，2000；Poncet，2002；桂琦寒 等，2006）；第二，分析市场分割的成因及其影响因素，综合考虑中国经济发展的特定背景和制度性因素，考察市场分割形成的根源；并从多重视角探讨可能影响分割策略实施的各种因素（Young，2000；银温泉和才婉茹，2001；林毅夫和刘培林，2004；陆铭 等，2004；陈敏 等，2007）；第三，研究市场分割带来的宏观及微观层面的经济后果，宏观层面包括市场分割对经济增长（Poncet，2003）、整体技术效率（郑毓盛和李崇高，2003）、出口贸易度（朱希伟 等，2005）等的影响，微观层面包括市场分割下企业出口（张杰 等，2010）、生产率改进（徐保昌和谢建国，2016）、子公司分布（曹春方 等，2015）受到的影响等。

2.1 改革开放以来市场分割发展趋势

2.1.1 文献回顾

20 世纪 80 年代中期爆发的"羊毛大战"和"蚕茧大战"，常被学者引用以举证地方政府为地方利益而分割市场的行为（Findlay and Yintang, 1989；Wedeman, 2003；Young, 2000）。这些案例中地方政府限制原材料流出本地，并将其以低价出售给本地制造商，制造商在低成本购入原材料和高价售出成品的过程中赚取高额利润，地方政府也因此获益；与之类似，地方政府也会限制外地商品的流入。沈立人和戴园晨（1999）比较系统地归纳了国内条块分割的经济形态，指出区域间自成体系导致结构趋同，相互封锁导致资源浪费等弊病。除理论分析和案例分析外，Kumar（1994）利用国有商业部门跨省商品流动量占 GDP 比重的数据分析了省际零售购买趋势，得出中国省际贸易量呈降低趋势的结论。Young（2000）则利用中国改革过程中区域间产量和价格差异的数据证明中国区域间普遍存在 GDP 结构和制造业产出结构趋同，而各地商品零售价格、农产品收购价格及劳动生产率差异却随时间推移而扩大的现象。两类实证数据都表明中国区域间市场分割有愈演愈烈的趋势。

与认为中国存在严重市场分割现象的观点不同，Naughton（1999）对比了中国 1987 年和 1992 年省际工业品的贸易流量，发现 1992 年的省际贸易流量显著高于 1987 年，指出中国经济一体化程度在不断上升，且上升迅速，在制造业内部各行业间占据主导地位。对中国经济区域分割严重、分工不充分、经济结构趋同等观点，Naughton 提出质疑：第一，有些文献中举证的案例只是个案，有其特定的背景，缺乏普遍性；第二，针对 Kumar（1994）的分析，Naughton 认为国有机构的省际贸易下降只代表国有经济，而中国改革开放后非国有经济占比不断提升，忽略非国有经济的省际交易量具有片面性；第三，中国区域间经济结构趋同可能是工业化迅速发展的结果，而且反映出中国经济发展正在摆脱计划经济下不合理的区域分工。

Poncet 等（2002）鉴于 Naughton 所使用数据年份的局限，在其基础上加上 1997 年数据以深化该研究，他们使用"边界效应"的方法，利用计量经济学模型计算出反映贸易壁垒的综合指标考察中国的国内和国际市场一体化，结果显示中国各省份虽然越来越融入国际市场，但省际贸易壁垒在 1987 年到 1997 年之间却有增无减，中国政府致力于打破因省际互相封锁而造成的经济结构零碎性，但取得的成效并不显著。Poncet（2003a）改用省际贸易流量测量市场分割后仍坚持先前的观点，认为中国市场分割现象在 1987 到 1997 年间并未得到改善，并强调了这种分割状态对人均农业生产总值增长和经济增长的负面影响。

Naughton（1999）关于中国经济趋于一体化的观点虽然遭到 Poncet 的反对，但在 Poncet 之后的多数学者的文献都与 Naughton 的观点一致，认为中国的地区一体化水平其实是在不断提高的。Xu（2002）借助中国 1991—1998 年省际数据，将各省份实际的价值增值分解为受国家宏观经济政策影响、部门自身生产率影响和省份影响而产生的价值增值，用商业周期模型进行检验并发现虽然短期内各省份的影响可以解释 1/3 的省际真实价值变动，但在长期内部门特定的影响成为产出波动的主要原因，这个结果表明尽管改革过程中省际一体化还不充分，但正朝着有利的方向发展。Park 和 Du（2003）采用 Young（2000）的方法对中国地区专业化水平重新进行了估算，发现中国地区专业化水平其实在不断升高，他们指出 Young 在指标选取和函数设定中存在问题，认为其得出的中国国内市场分割程度在升高的结论是错误的。国务院发展研究中心发展战略和区域经济研究部组织的一项以政府官员、企业家、专家学者等为调查对象的问卷调查表明，中国 2003 年的地方保护和市场分割问题比起 10 年前减轻了（李

善同 等，2003a，2003b）。白重恩等（2004）用 Hoover 系数测算了 1985—1997 年间地区专业化水平，发现中国产业区域专业化水平的整体趋势是早期微弱下降后，在后期有显著提高，以此说明市场一体化程度的提高；同样，范剑勇（2004）在研究市场一体化与地区专业化时发现 1980—2001 年中国地区间平均专业化水平是上升的，说明改革二十多年来地区间市场一体化水平也是提高的。桂琦寒等（2006）利用 1985—2001 年各地商品价格指数数据评价了中国相邻省份的商品市场整合程度及变化趋势，得出中国国内市场的整合程度总体上呈现上升趋势的结论。参考桂琦寒等（2006）对市场分割程度的测量方法，陈敏等（2007）、范爱军等（2007）、刘小勇和李真（2008）、陈刚和李树（2013）等相继验证出相同的结论，即中国地区间商品市场分割正呈现出日渐整合的趋势。

本书也以价格法为基础对中国 2002—2015 年市场分割进行测算，分割指数的值越大，表示市场分割程度越高。

图 2-1 为 2002—2015 年国内市场分割均值的走势图，可以看到，观测期内 2006 年之前市场分割程度较为严重，但随着时间推移，整体分割程度呈下降趋势，实现了一定程度上的市场整合，除 2008 年前后（全球金融危机期间）区域分割程度有加深趋势外，市场整合程度确实在不断提升。可见随着经济的不断发展，国内市场是趋于整合的。

图 2-2 为 2002—2015 年各省份市场分割均值，横线为分割均值，高于平均值的 14 个省份中，直辖市（上海、北京、天津）、西北（新疆、青海等）和西南（西藏、云南等）地区的省份占多数，中部、沿海和东北部地区较低，与陈敏等（2007）、郭勇（2013）、陈刚和李树（2013）的测算基本一致。但居于分割均值较高位的除了 6 个比较明显的省份外，其余省份都分布在均值左右及以下。值得注意的是京津沪地区市场分割均值居于高位，可能是由于直辖市身份特殊，其政策实施不同于其他省份；也可能因为直辖市经济较发达，且面积相对较小，更易于政府干预，因此其市场整合进程相对较慢（郭勇，2013）。

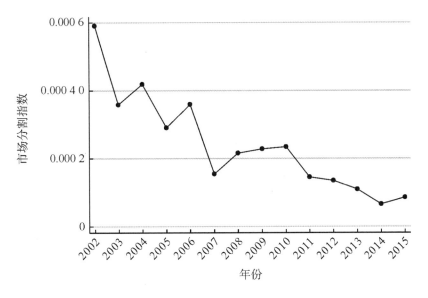

图 2-1　2002—2015 年国内市场分割均值走势图

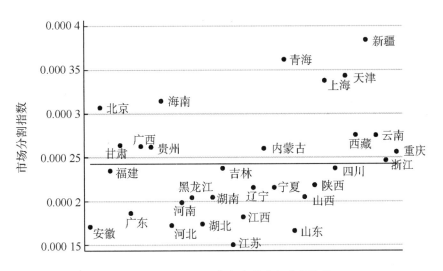

图 2-2　2002—2015 年各省份市场分割均值

综上所述可以看出，随着改革开放不断深入，中国地区间市场分割程度也在不断下降，但不可否认的是，国内市场分割问题并未根除，偏向于地方的财政分权体制及地方政府的业绩考核等软环境因素，使得市场一体化无法向更高水平挺进。2003 年国务院发展研究中心发展战略和区域经济研究部组织的一项全国性问卷调查结果表明这一问题的存在，且在十年前我国出台的各项决定或意见中也有所反映。如 2013 年 11 月党的十八届三中全会通过的《中共中央关于全面深化改革若干重大问题的决定》中提出要着力清除市场壁垒，提高资源配置效率和公平性；2015 年印发的《中共中央、国务院关于深化体制机制改革加快实施创新驱动发展战略的若干意见》及国家发展改革委员会于 2016 年 8 月印发的《关于贯彻落实区域发展战略促进区域协调发展的指导意见》中都明确指出要打破地区分割和隐形壁垒，推动形成全国统一市场。

一段时间以来，我国部分地区出现地区封锁屡禁不止，且实施方法和手段不断改变的情况，早期地方政府直接限制区域内商品、要素等的流通，后来有地方政府通过增收外地企业子公司营业税的方式实施隐性壁垒等。在"营改增"全面推行期间，时任总理李克强还强调要防止出现搞地方保护、市场分割的情况。可见要消除市场分割，实现国内市场一体化仍需要较长的过程，对市场分割的关注及相关研究要随经济发展不断深入，以拓展关于市场分割尚未被认知到的领域，并更好地指导相关政策的制定。

从已有研究看，我国市场分割趋势在 21 世纪前存在争议，但随着市场化改革和转型的深入推进，学者普遍认为中国国内市场日益呈现整合趋势（陈敏 等，2007；刘瑞明，2012；陈刚和李树，2013）。市场日趋整合，我们似乎没有必要再担心中国地区间市场分割和地方保护主义给中国经济发展带来的负面影响。然而，这只是一个过于乐观的想法，即使在改革开放 40 多年的今天，市场分割依然存在，并持续给经济发展带来各种危害。在经济增长模式转型的今天，深入研究市场分割在现阶段的危害有哪些新的形式具有重要的理论与现实意义。

2.1.2 案例介绍

自 1978 年改革开放以来，地方政府通过各种方式和手段实施地方保护，造成不同程度上的市场分割，其形式也随着政策推进和经济发展不断演变。2018年改革开放已推进40年，经济发展进入新常态阶段，解决经济转型升级问题，需要我们更清楚地认识经济转型的障碍。通过对现实经济生活中地方政府实施市场分割的形式的整理和分析，我们可以发现经济发展进入转型升级阶段的过程中，市场分割正以何种方式持续存在。

2.1.2.1 新能源汽车行业

随着环境保护、绿色发展等发展理念的提出，新能源汽车行业越来越受到政府的推崇和支持，2013年11月财政部公布了2013—2015年第一批新能源推广城市名单，各地政府也相继出台相应的补贴措施，但是地区间的地方保护主义迟迟难以打破。如2013年北京某市民在合肥买了一台江淮纯电动车，因为北京买江淮电动车无法上牌，他不得不把车籍落在河北，其实当时北京市环保目录是允许为其电动车上牌的[①]。此类外地电动车得不到当地政府补贴、不予上牌的情况比比皆是。新能源汽车行业得到的地方补贴大部分仅限于当地市场，在进入国内其他市场时，却面临着种种被"刁难"。

除外地车不享受补贴、不予上牌等地方保护形式外，部分城市设置地方目录，导致消费者选择车型空间压缩，造成市场割裂，或者限制补贴资金发放、对新能源汽车进行重复检验、要求生产企业在本地设厂、要求整车企业采购本地零部件等，总之地方保护形式多种多样。然而这种保护落后、限制竞争的做法只会限制好企业的发展，导致消费者无法享受高科技带来的红利。

2018年2月中央财政部、工业和信息化部、科技部和国家发展改革委四部门联合发文，要破除地方保护、建立统一市场。明确各地不得采取任何形式的地方保护措施，要求对列入《车辆生产企业及产品公告》的新能源汽车产品一视同仁执行免限行、免限购、发放新能源汽车专用号牌等支持措施。但面对中央发文，某些地方如上海市无视中央政府要求，2018年

---

① http://money.163.com/14/0220/02/9LG9P4VO002534NV.html.

继续要求新能源汽车生产商对车型进行申请，以获得在上海销售的权利①。上海市发布的通知中虽避免出现"备案"或"目录"字样，却以"申请"代替，依然无法掩盖其地方保护的本质。

中央政府虽对新能源产业地方保护现象三令五申地要求杜绝，但打破地方保护的道路仍然步履维艰，地方保护这一在政策层面人为设定的障碍由来已久，根除不易。中央政府如何提出有效措施仍需进一步思考。

2.1.2.2 建筑行业

2015年9月时任总理李克强主持召开的深化国有企业改革和发展座谈会上，中铁建筑公司董事长反映了建筑市场地方分割的问题，中铁建的700多家子公司中，有200多个都是为了投标注册的"空壳"，原因是很多地方的建筑市场要求承揽任务必须要在当地注册实体子公司，目的是当地征收营业税②。

建筑业具备两个特点：一是属于对劳动就业和财政税收有较大贡献的地方支柱产业；二是市场结构分散，有相对独立的区域市场，为实施地方保护提供了方便，也因此成为地方保护主义的重要对象之一（范剑亭，2012）。由于建筑产品不动产特性，建筑市场的地方保护不在于限制产品进入，而主要表现为在工程招投标等方面排斥外地企业进入，如上述案例中地方政府要求外地企业在本地注册子公司才能在本地承接任务的现象也是限制外部企业进入的表现之一。建材领域在外地产品进入时设置道路使用费，使原来定价更低的外地产品进入本地后附加成本上升，或者规定产品要"符合本地环保要求"等。此外，其他税收、道路、城市管理、环卫等政府收费项目，地方保护倾向也不小。

局部来看，建筑业与各地经济发展关系密切，当地政府对本地建筑市场的保护也在情理之中，但从长期和整体来看，这种行为有损建筑市场的

---

① http://news.bitauto.com/hao/wenzhang/629965.

② http://www.gov.cn/xinwen/2015-09/21/content_2936357.htm.

整体运行效率，不利于建筑业健康发展和产业升级。2017 年 2 月召开的国务院常务会议指出，我国将致力于建立统一开放的建筑市场，打破区域壁垒，取消各地区、各行业在法律法规和国务院规定外对建筑企业设置的不合理准入限制。

2.1.2.3 食品行业

1. 双汇集团

2013 年弋阳"10·3"打砸事件被央视报道，引起社会广泛关注，起因是双汇集团进入江西弋阳之后影响了当地屠宰场生意，而弋阳县商业局领导是屠宰场承包人，因不满双汇集团进入带来的竞争而多次在当地双汇门店闹事，最终引发打砸事件[①]。然而该事件并非孤立的，在江西樟树市双汇集团也遭遇过类似排斥。2006 年，双汇集团进入广东海丰县时便与当地政府发生过纠纷，且当时广州省雷州市存在明确规定封锁外地猪肉的现象[②]。双汇集团进入外地市场引发的一系列问题困扰着当地行政部门，也因此双汇集团在扩展国内市场过程中屡遭排挤。

虽然这些事件之后涉事地方政府受到了相应处罚，也被要求废除地区封锁的相关条款，但双汇集团一直没有摆脱国内市场困境，2017 年双汇经销商在雷州市遭到当地食品公司工作人员打人砸车，打人者却可以免遭法律处罚，这起普通案件的背后，仍是地方保护主义在作祟[③]。2016 年全国两会上，河南双汇集团董事长提交"希望国家出台政策，支持和鼓励生鲜肉实行全程冷链销售，鼓励冷鲜肉销售"的议案，并指出地方保护主义是阻碍和干扰建立社会主义市场经济体制的重要障碍，要予以有效打击和清除。

---

① http://finance.ifeng.com/a/20131104/11001359_1.shtml.

② http://news.163.com/06/0420/19/2F66H9GB00011229.html.

③ https://mp.weixin.qq.com/s?__biz=MzAxOTE4MjI2NQ%3D%3D&idx=5&mid=2247491971&sn=e400fae7251acb2ff6dccd7579b2053a.

2. 食盐批发行业

2016 年年底工信部联合国家发改委下发《关于加强改革过渡期间食盐专营管理有关工作的通知》。通知规定，省级食盐批发企业可以跨省备货，省级以下食盐批发企业可以在省内跨区备货。取得批发许可的食盐定点生产企业，可以通过自建物流系统等方式，开展食盐销售经营活动。该通知自 2017 年起开始实施，却在实施一个多月后便出现各地盐业主管部门查扣食盐定点生产企业食盐的情况[①]。有盐业公司负责人认为这种情况出现，主要是因为盐改引入的竞争机制打破了当地盐业公司的垄断地位，大部分盐业主管部门却都有合理的理由说明查扣原因，但细究盐改后受到冲击的企业，可以发现盐改受阻的本质原因仍然是本地盐业公司的行政性垄断地位受到了挑战。

其中出现的市场分割形式主要包括：本地盐务局增设外盐企业经营义务，变告知和备案为行政许可；本地盐务局长期扣留外地盐企的生产许可证和批发许可证；本地盐务局以先行登记保存的名义无限期扣押外地企业食盐；本地盐务局以规范性文件形式公告不合格或不合规的外地盐企，公告形式还包括电视台黄金时间插播；本地盐务局以外盐无批发许可证为由限制外地盐企的经营活动，而无批发许可证批发本地盐却被认为是合法的"现有渠道"行为[②]；等等。

2018 年 1 月 1 日，中国盐业改革满"周岁"。按照国家发改委明确的改革步调，各省（区、市）应完成盐业主管机构与盐业公司的分离，彻底打破食盐不得跨省经营的地方保护屏障。但盐改政策实施后，山东、江苏等地对外来盐企的扣盐情况依然存在，甚至出现多起盐企状告地方盐务局的案例[③]。中央盐改政策实施的不顺也侧面证实了即使中央出台政策也无

---

① http://finance.sina.com.cn/roll/2017-02-15-doc-ifyarrcf4030851.shtml.

② https://mp.weixin.qq.com/s?__biz=MzA5MzU0MTAzMw%3D%3D&idx=4&mid=2651495910&sn=46ad78ed155f62838af1fac335178763.

③ http://dy.163.com/v2/article/detail/D8BJ0C830514BDV1.html.

法有效根治市场分割的现象。

2.1.2.4　小结

除以上案例外，我国医药、烟草、物流、煤炭等行业也存在不同程度的地方保护主义，一些出口企业在扩展内需时发现与国外市场相比，内销市场"陷阱"更多，商务部专家也表示，国内市场的地方保护壁垒远高于外需市场的贸易保护壁垒①。地方和部门保护主义、本位主义并非一朝一夕便可杜绝的，中央政策的出台往往遭到各行业"上有政策、下有对策"的打折执行，衍生出不同形式。打破地区壁垒，推动形成全国统一市场在新的经济转型升级阶段仍然不能懈怠，需要中央政府、学者、地方政府和各行各业企业家等群体全力促成。本书探讨企业在市场分割下受到的正面或负面影响，对于拓展市场分割后果的认知、为政策制定提供借鉴方面具有重要意义。

2.2　中国市场分割的成因及影响因素

2.2.1　中国市场分割的成因

关于市场分割成因，学者们的观点可以归纳为三类：

第一种观点主要基于财政激励理论进行分析，认为在我国由中央集权到地方分权的改革过程中，地方政府掌握了更大的经济和行政自主权，为了地方利益各自为政，从而各地方成为一个个经济独立体，导致中国区域分割的状态。如沈立人和戴园晨（1999）指出由于改革由中央集权向地方分权倾斜，使地方政府成为经济活动和经济利益的主体，各自盲目生产、重复建设，导致条块分割的"诸侯经济"的形成。Young（2000）认为我

---

① http://www.jiazhuang6.com/67/7128. html.

国改革后地方保护和市场分割是由分权式改革以及地方政府财政权责增强造成的。银温泉和才婉茹（2001）将地方市场分割定义为"一国范围内各地方政府为了本地利益，通过行政管制手段，限制外地资源进入本地市场或限制本地资源流向外地的行为"，并强调地方市场分割是我国从计划经济体制向社会主义市场经济体制转轨过程中的产物，根源是1978年后新一轮的以下放财政权和税收权、投融资权和企业管辖权为核心的行政性分权改革。他们指出这次改革促进地方经济发展的同时，也使地方政府作为一级利益主体采取设置进入壁垒等方式进行经济竞争，直接导致了地方市场分割。刘小勇和李真（2008）利用1986—2005年省级面板数据以及商品零售价格指数度量市场分割度，实证检验了财政分权对市场分割的影响，发现财政分权确实加剧了市场分割度，尤其是收入分权。

但也有学者认为只有分权式改革并不必然导致市场分割，我国市场分割和地方保护之所以严重，还取决于特定的历史条件。林毅夫和刘培林（2004）指出世界上财政独立性比中国强的国家并不都像中国一般出现严重的市场分割问题，他们认为改革开放之前的赶超战略，一直延续并存在，只要让地方政府承担赶超任务，而且地方政府具有一定的经济和行政权力，那么地方保护和市场分割就是不可避免的。

第二种观点则从政治激励视角探讨市场分割的根源。周黎安（2004）提出地方官员选择市场分割而不是相互合作的根源并不主要在于地方官员的财税激励及他们的经济竞争的处境，而是在于嵌入在经济竞争当中的政治晋升博弈的性质。政治"锦标赛"以及以经济绩效指标为选拔和提升标准的政治竞争，使得分割市场，保护本地区经济发展成为博弈中的占优策略。徐现祥等（2007）在官员政治晋升的基础上进一步分析其对市场分割产生的影响在不同情况下存在的差异。他们指出在中央根据经济绩效晋升地方政府官员的情况下，地方政府官员为了晋升，既可能选择市场分割也可能选择区域一体化，因条件而异。除官员的晋升激励导致的官员竞争外，地方政府本身作为参与市场的一个重要主体，也为了争夺资源进行相互竞争，地方政府的参与影响市场秩序，也成为市场分割形成的重要原因（周业安和赵晓男，2002）。张平和李世祥（2007）也指出各地方政府因政治竞争而违背要素禀赋盲目发展经济，是区域一体化形成的极大障碍。

第三种观点从未来分工收益的角度进行分析。陆铭等（2004）提出了影响市场分割的分工策略假说，他们指出较发达地区因在技术产业中拥有比较优势及较快的技术进步速度，所以占据了较大份额的贸易收益。落后地区为了提高自己在未来分工收益中的谈判地位，会选择牺牲当期分工收益，不加入分工体系，这样在未来甚至有可能赶超发达地区。王小龙和李斌（2002）在考察地区贸易保护原因时，曾经通过构建模型的方式提出过类似的观点，他们发现由于地区间较高的交易费用，如果半分工地区选择与完全分工地区进行自由贸易，那么半分工地区并不能从贸易中得到好处，因为其效用水平与自给自足时相同，而完全分工地区则会在贸易过程中得到全部好处，因此半分工地区有采取贸易保护政策以在未来争取更多好处的动机。可以看出，两个处于不同发展阶段的地区间进行是否分割市场的博弈时，欠发达地区会选择实施分割市场行为。以上文献都是从欠发达地区角度看问题，皮建才（2008）则从发达地区的角度出发，理论分析了地方政府竞争框架下区域市场整合的成本和收益，对于发达地区而言，是否选择市场整合需要权衡正外部溢出收益和地区收入差距带来成本间的关系。事实上，分工策略本质上还是改革以来的财政分权和地方政府的发展战略导致的（陆铭 等，2004）。

上述三类观点虽存在一些社会质疑，但在某种程度上也得到了学术界和实务界的普遍认可，要探究市场分割的根源，以上制度或政策因素相辅相成，综合考虑才能更全面地剖析市场分割的形成原因。

2.2.2 影响市场分割的相关因素

除了对市场分割成因的探讨外，有的学者还检验了可能对市场分割产生影响的各种因素。有学者认为中国对外开放某种程度上挤出了对内开放，导致地区间分割加剧，因为对外开放后中国沿海地区主要依赖国外市场，内需有限，而中部省份在利用国外市场上处于劣势，导致地区差距越来越大（黄玖立和李坤望，2006）。可见虽然对外开放使中国经济重新融入全球经济，但在开放水平较低时，较高的关税壁垒为地方政府提供了在相对封闭的经济中实行市场分割策略的空间，国外市场扩大可能挤出国内省际贸易。但随着开放水平提高，整体关税水平降低，地方政府采取分割市场的成本将越来越高，从而促使市场一体化形成（陈敏 等，2007），因此陈敏等认为经济开放与市场分割存在倒"U"形的关系。陆铭和陈钊（2009）则发现在经济开放程度更高时，分割市场更有利于当地经济增长，证实地方政府的确在利用来自国际贸易的规模经济效应时，放弃了国内市场的规模经济效应（陆铭和陈钊，2006），却未发现其非线性关系。

市场分割在时间和空间上表现出差异性，发达地区与欠发达地区间分割程度有差异，这和所有制结构有着紧密的联系。白重恩等（2004）以 Hoover 地方化系数构造区域专业化指数，来替代地方保护程度，发现一方面地方政府的税收收入依赖于本地行业，另一方面国有企业为地方政府带来的利益远超其他类型企业，在高利税率和国有企业占比重高的行业中地方政府更倾向于实施地方保护政策。陈敏等（2007）除了重点考察对外开放对市场分割的影响外，还考虑了经济的国有化程度。居民利益是政府追求的第二个目标，而就业则与居民利益息息相关，就业压力与地方经济的国有化程度成正比；因此一个地方国有化程度越高，则就业压力越大，政府分割市场动机也越强。刘瑞明（2012）采用静态和动态面板实证分析方法，从国有企业隐性补贴的视角回答什么因素导致中国地区间市场分割的问题，他认为在经济转型过程中，市场分割扮演着对国有企业进行隐性补贴的角色，一个地区的国有企业比重决定了隐性补贴的高低，进而决定市场分割程度。

除了针对对外开放和所有制结构影响市场分割的探讨外，转移支付（范子英和张军，2010）、政府对经济活动参与程度（陈敏 等，2007）、地区司法独立性（陈刚和李树，2013）、地区间技术差距等都可能影响到政府的分割策略。

2.2.3 小结

综上，早期研究对市场分割成因的分析主要从分权式改革、政治晋升、分工策略等角度展开，对市场分割形成制度根源和历史背景的考虑已颇有权威性，后续也有大量学者不断从各个角度发现影响市场分割的其他诸多因素。在市场快速转变的发展历程中，地方政府及官员考核机制也在发生转变，政府或官员是否会因经济或政治目标的改变而改变分割策略，市场分割又会受到哪些新因素的影响，依然是值得继续探索的话题。

2.3 市场分割的经济后果研究

2.3.1 宏观层面经济后果

2.3.1.1 市场分割是否阻碍经济增长

由于市场分割本质上属于政府行为，在这一行为实施后到底是促进还是阻碍了经济增长，成为多数学者首先要去考察和验证的问题。在直接对市场分割与经济增长间关系做具体探讨之前，有不少研究关注了财政分权对经济发展产生的影响。Qian 和 Roland（1998）认为中国财政分权一方面会促进地区间的竞争，另一方面会使地方政府为吸引流动性生产要素而大量投资于地方公共财产，从而有助于硬化国有企业预算约束。Young（2000）则指出下放财权会诱发地方政府为保护既得利益而制造更多的资源扭曲。Lin 和 Liu（2000）采用各省预算内收入的边际留成来衡量分权程度，通过对 1970 年到 1993 年各省截面数据的处理，得出的结论是财政分权显著推动了中国的经济增长。在财政分权对经济发展影响方面，学者们未得出一致结论，这也恰恰说明财政分权给经济增长带来的影响并非单方面的，可能存在使财政分权不利于经济增长的机制，而且理论上可能存在最优分权程度，偏离最优程度则会对经济增长产生不利影响（严冀和陆铭，2003）；李国璋和刘津汝（2010）也认为市场分割会削弱财政分权对经济增长的促进作用。

Poncet（2003a）等直接验证市场分割与经济绩效关系，发现市场分割会显著负向影响人均农业增加值和人均 GDP 增长率，但他们的研究仅限于农产品市场；陆铭和陈钊（2009）对他们的结论提出质疑，如果市场分割对经济增长不利，就很难解释为什么地方政府仍然持续地采取分割市场的行动，他们使用比 Poncet 更广泛的商品范围发现，当市场分割在某一水平下时，分割市场可以抑制来自外部的竞争，从而保护本地生产者，至少可以在短期内获得更快的经济增长，但如果分割程度超过临界值，经济增长会受到负面影响。尽管如此，陆铭和陈钊也不建议将局部分割政策的好处作为支持这一政策的依据，因为这种画地为牢式的政策在宏观上还是妨碍了整个国内规模经济的形成。陆铭和陈钊（2009）使用市场分割指数的数据区间为 1987—2004 年，柯善咨和郭素梅（2010）则使用 1995—2007 年数据得出不同的结论，他们的基本结论是商品市场对内开放显著促进了地区经济增长，即市场分割是不利于经济增长的，且越不发达的地区，市场分割越不利于经济增长。陆铭和陈钊认为对外越开放的地区，市场分割越有利于经济增长。这样看来，两份有差异的结论也存在一定的相似之处。付强和乔岳（2011）对市场分割与经济增长的关系进行了再探讨，他们发现 Poncet、陆铭和陈钊之所以得出相互矛盾的结论，在于他们在研究中是否控制了政府补贴这一要素，且以实证得出市场分割与经济增长的倒 "U"形关系脱离了一般均衡的分析框架，而陷入 "局部均衡"。为弥补之前研究的不足，他们从理论和经验两个方面对各政府之间竞争下的经济增长做系统解读，在他们的模型中，市场分割被作为内生变量而非均衡结果进行处理，以更好地说明市场分割对经济增长的影响。他们指出市场分割虽然通过阻碍全要素生产率的提高显著阻碍了即期经济增长，却在一定条件下促进了未来的经济增长，这个发现也为陆铭和陈钊（2009）检验的倒"U"形关系提供了理论基础。

付强（2017）从理论和经验两个层面系统探讨了市场分割促进区域经济增长的实现机制，他们认为市场分割促进经济增长，但是存在特定的条件，分割促进经济增长的关系与区域间较高的产业同构程度密切相关。同时他们认为降低区域之间产业同构程度从而降低甚至消除分割带来的经济增长是推进国内市场一体化进程的唯一有效途径。

2.3.1.2 市场分割与产业结构升级

郭勇（2013）检验国际金融危机和区域市场分割对工业结构升级的影响，结果表明在国际金融危机发生前（1985—1997 年），中国区域市场分割对工业结构升级有促进作用，而在国际金融危机发生之后（1998—2010年），区域市场分割会阻碍工业结构升级；踪家峰和周亮（2013）利用1998—2007 年中国省级层面的面板数据，得出市场分割对产业升级影响呈倒"U"形，虽然短期内政府行为可以帮助地区产业结构实现跨越式发展，但从长远角度看，"援助之手"终将变成"攫取之手"，市场分割对产业升级的抑制作用通过阻碍外商直接投资的溢出效应实现。他们的结论同市场分割对经济增长的影响保持一致，都有短期促进长期抑制的倒"U"形趋势，可见市场分割因为地方政府对短期利益的追求得以一直存在，但从更长远来看，它对经济发展会不可避免地造成损害。

2.3.1.3 效率损失

市场分割多被认为不利于统一市场的形成，而非一体化伴随着资源配置的扭曲，郑毓盛和李崇高（2003）将中国整体技术效率分解，检视后认为市场分割带来三方面的损失：技术效率损失、产出配置结构非最优的损失和要素配置结构非最优的损失。且地方市场分割带来的后果越来越集中在产出结构和省际要素配置不合理问题上。分割市场的手段主要表现为政府限制私人资本（尤其是外资）流入、政府控制劳动力就业及商品交易，这些最终都会使资源配置平均效率降低；且分割程度越高，还会使得地方政府的资本控制权越大，导致产业边际劳动生产率也越低，平新乔（2004）基于第二次全国基本单位普查数据对此提供了证据。方军雄对资源配置效率的考察则是通过企业并购的角度进行的，因为并购具有促进资源优化配置的功能。他发现上市公司异地并购可能性低于本地并购可能性，但随着市场化程度提高，异地并购的障碍得到有效疏通，以此说明我国存在一定程度的市场分割，一定程度上扭曲了资源配置。钟笑寒（2005）构建产业组织理论模型，推演出在规模报酬递减的技术条件下，地区竞争会提高社会福利，但若地区实施分割策略，运用地方保护手段则会导致经济垄断、加剧重担建设行为，从而抵消分权带来的地区竞争的好处。赵树宽等（2008）在总结现有文献的基础上认为市场分割的确不利于区域产业竞争力的提升。

师博和沈坤荣（2008）利用某省国内贸易量占 GDP 比重来间接衡量市场分割程度，在验证其对能源效率产生的影响时，发现能源越充足地区全要素能源效率越低，深层次原因就在于市场分割扭曲了资源配置，同时由于地方保护造成产业结构趋同，致使地区间相互牵制而难以实现规模经济，从而造成全要素能源效率损失。张德钢和陆远权（2017）也关注了市场分割对能源效率的影响，利用 1996—2014 年省际面板数据，基于随机前沿分析和反事实计量办法发现，如果消除市场分割不良影响，能源效率将获得每年 1.5% 的额外提升，即市场分割显著抑制了能源效率提升。他们也得出提高能源效率，需要促进市场一体化建设、整合国内市场的政策建议。

2.3.1.4　市场分割如何影响出口贸易

在前文讨论市场分割影响因素时，我们整理过对外开放加剧市场分割的观点，而朱希伟等（2005）将国内市场分割和边际成本与固定成本之间的反向关系引入 Melitz（2003）模型，构建了一个开放经济模型，通过考察市场分割与出口贸易扩张的关系，提出国内市场分割导致不同生产技术企业优先进入国外市场的观点。即对外开放压缩了国内市场，而市场分割又反过来导致出口贸易的扩张，因为严重的国内市场分割使国内需求无法满足企业规模经济的发展，导致企业被迫出口的扭曲现象。相反地，张如庆和张二震（2009）认为朱希伟等（2005）做出的仅仅是理论推测，要证实市场分割是否真的导致中国出口扩张，还需要进行实证检验。他们利用省际数据，用相对价格法衡量市场分割，引进外商直接投资、利率等控制变量，发现市场分割对出口和进口都有压制作用，且进口受到的阻碍更大，他们的结论也解释了为什么中国一直存在贸易顺差。而市场分割之所以会抑制企业出口，他们推测是因为企业一旦克服高成本困难进入省外市场，再投入的附加成本就很低，且能获取较高的市场垄断利润以弥补进入成本，市场分割提高省际间贸易成本的同时也增加了进入后的垄断利润，从而降低企业出口意愿。赵永亮和才国伟（2009）讨论内部市场分割壁垒是否构成外部市场一体化的阻力时也得出市场分割会负面作用于出口贸易的结论，他们给出另一种可能的原因是，中国的出口需要不同区域企业之间的分工协作，而国内市场分割严重时会阻碍这种跨区域的分工协作，以致阻碍企业出口。陈媛媛（2012）引入市场潜能，实证得出市场潜能和市场分割对企业出口的影响是"U"形非线型，即企业出口会随着市场潜能和市场分割的变化而变化。

2.3.2 微观层面经济后果

学界对市场分割下微观组织的经营发展、绩效、战略等方面的研究较为缺乏。刘凤委等（2007）考察地方保护和要素市场分割对微观组织经济效率的影响后，发现地方保护虽提高了公司收入，但降低了要素资本流动，导致微观组织经济效率降低。方军雄（2009）运用异地并购数据发现同一行政区域内的本地并购数量显著高于不同行政区域之间的并购数量，猜想是市场分割阻碍了异地并购概率；类似地，曹春方等（2015）发现市场分割导致地方国企比民企有更少的异地子公司分布，而且导致地方国企公司价值的降低和过度投资的增加；宋渊洋和黄礼伟（2014）发现市场分割降低了证券企业异地营业部方式的跨地区经营数量。

基于市场分割在出口贸易中起到的作用，张杰等（2010）从微观企业层面考察了市场分割对企业出口的影响。其发现国内"以邻为壑"的市场分割，造成了中国企业省际交易成本高于进入国外市场的成本，最后迫使本地企业转向出口，且这种扭曲的资源配置使得我国从事出口的本土企业长期处于全球价值链的低端发展路径中，企业核心竞争能力无法提升。这与陆铭和陈钊（2009）在考察市场分割对经济增长影响时提到的观点一致，其次为市场分割本身并不能为地方政府带来收益，政府之所以依然采取分割策略是因为分割市场可以激励本地企业出口扩张，依托国际贸易获得企业规模扩张与发展，从而为地区带来一定时期内的经济增长。这在本质上仍是资源配置不合理的体现，我国出口企业无法利用国内高端产业和高端环节，导致其与不受分割影响的外资企业间差距越来越大；因此要利用本土市场空间，发展自主创新能力，仍需要积极努力消除市场分割这个制度层面的障碍。赵玉奇和柯善咨（2016）也检验了市场分割和企业生产率对企业出口的协同影响机制，他们使用2005—2008年中国企业微观数据进行检验，结果显示市场分割对企业出口产生了扭曲激励作用，使得出口密集度高的企业受国内市场规模经济和自身效率的影响而出口的激励降低，可见市场分割扭曲了厂商竞争环境，影响了中国制造业整体产出效率的最优化。

2.3.3 小结

学界目前对市场分割经济后果的研究相当丰富，市场分割的经济后果在各个层面存在的负面效应也在各学者的研究中逐步得到验证。近几年，经济高速增长伴随着大量工业化企业因追求 GDP 而牺牲自然环境的弊病，管理者意识到环境的重要性，经济发展政策也开始将环境质量纳入官员考核体系，国家正在采取措施兼顾经济增速与绿水青山等生态环境的发展。而陆远权和张德钢（2016）检验市场分割是否造成碳排放效率低下的问题时，以理论和实证检验发现环境分权和市场分割都显著地加剧了碳排放，市场分割降低了碳排放在区域间的配置效率。这也提醒我们不能对市场分割的发展现状过于乐观。

综合对比现有研究市场分割经济后果的文献，可以发现其探索领域仍集中在宏观经济层面，如是否阻碍经济增长、是否扭曲资源配置、促进或抑制出口贸易等，且学者们的研究结论有一个基本共识，即市场分割长期后果是弊大于利的，之所以一直存在，是因为其能为地方政府带来即期经济增长（陆铭和陈钊，2009）、即期工业结构升级（踪家峰和周亮，2013；郭勇，2013）等好处，然而这些好处也无不体现出资源配置的低效率。

仅有的几篇微观层面的文献都给出了市场分割负面效应的证据，那么微观企业在短期内从市场分割这一政府行为中获取了什么好处呢？这些好处是否也不具有可持续性，长期下去市场分割是否依然会对企业形成负面危害呢？徐保昌和谢建国（2016）利用模型和实证研究了市场分割对本地企业生产率的影响，发现市场分割与本地企业生产率呈倒"U"形关系，他们从正面给出了市场分割长期存在的微观证据，但他们的文献只提供了其中一个角度，也没有讨论不同所有制经济主体是否会在市场分割这一政府行为下受到区别对待，因此学界对微观经济主体经营和战略发展上的探索依然有很大的研究空间，有助于更深入地认识市场分割的本质。本书就试图对这一领域进行拓展，探索市场分割下企业发展战略的选择及其经济后果，以企业纵向一体化发展战略为出发点，综合检验市场分割下企业更倾向外延式规模型扩张还是内涵式创新型增长，并尝试从企业市场竞争地位视角提供市场分割长期存在的微观证据，以期更深入地挖掘市场分割这一中国转轨过程中形成的制度型产物如何作用于微观企业的发展过程。

3 市场分割与企业一体化

3.1 引言

企业一体化（纵向，后文同）经营策略有助于降低企业交易成本、保证和提高要素供应效率和灵活性（刘冰，2010）、建立更高的进入壁垒以提高竞争力等（Buzzell，1983），诸多优点使其曾在很长一段时期内作为企业扩大规模、积累财富的最主要途径之一而倍受推崇（郑方，2010）。然而随着时代快速发展和变换，企业之间的竞争日益激烈，一体化的生产组织形式逐渐受到挑战，越来越多的企业开始注重专业化发展，专注核心业务以提高核心竞争力、提升对市场的响应速度、降低非核心业务的运行成本。

众多研究通过对企业案例（Liberman et al.，1991；Coles and Hesterly，1998；Fan，2000；陈信元和黄俊，2006）和重点行业进行分析（于立宏和郁义鸿，2006；吴利华 等，2008；刘冰，2010；肖俊极和谭诗羽，2016）以探讨企业一体化发展的影响因素。近年来也涌现出不少从整体视角深入分析的实证研究，但无论是案例还是实证分析，这些研究多侧重于交易属性特征和交易主体特征对企业一体化经营策略选择的影响，如资产专用性、交易不确定性、企业所有权等，只有少量研究关注了投资者权利保护（Macchiavello，2007）、地方产权保护和政府质量（Fan et al.，2009）、地区制度质量（郑辛迎 等，2014）等交易所处的外部环境的作用。国内学者在对企业一体化决定因素的研究过程中，结合中国特定的政治和制度背景，提出政府干预、政府管制等政府行为也是影响企业选择一体化的重要因素（于立宏和郁义鸿，2006；陈信元和黄俊，2006）。本章要讨论的市场分割便是制度性政府行为下的产物。

改革开放以来的财政分权和"晋升锦标赛"，在为地方政府和官员提供经济发展激励的（Qian and Weingast，1997；Qian and Roland，1998）同时，也引发了地区间为提升财税和 GDP 而展开的经济竞争，从而导致地方保护主义和市场分割（沈立人和戴园晨，1990；Young，2000；平新乔，2004；周黎安，2004）。地方保护主义和市场分割的盛行一直被认为是阻碍中国改革开放以来国内市场一体化和地区专业化的突出问题。然而学者多强调市场分割这一制度性政府行为对地区间一体化程度和专业化分工形成的障碍，却忽略了市场分割对微观企业一体化选择的影响。一方面企业作为市场经济中参与经济发展的微观主体，企业的效率对于地区经济发展具有至关重要的意义，权衡好一体化和专业化之间的关系有助于企业实现生产效率最大化；另一方面，现有提及政府规制促进企业一体化整合的文献都强调了政府干预对企业专业化分工的限制作用，认为政府干预提高了市场交易成本，改变了企业内部组织生产成本与外部市场交易成本间的对比关系，由此促使企业进行垂直整合（Stigler，1951；陈信元和黄俊，2006；于立宏和郁义鸿，2006），却忽略了政府干预下企业可能受到的支持与保护是否促使其主动选择了一体化发展模式。

基于此，本章在市场分割的背景下，研究了微观企业对一体化选择的倾向，并通过产权、企业异质性、地区异质性的区分更清楚地观测了市场分割对企业一体化策略的决策影响；进一步地，由于纵向一体化和垂直专业化属于企业纵向边界的两端，我们拓展检验了市场分割下企业边界决策的横向发展效果，即市场分割对企业多元化经营策略的影响，以从纵向和横向两个维度观察市场分割下企业边界选择的倾向。

分析 2007—2015 年全部上市公司的数据，我们发现：①地区间市场分割政策的实施促进了企业选择纵向一体化经营策略，且这种效应在国有企业中更为显著，我们还证实了本章的资源优势推论，市场分割对企业资源和政策上的支持使企业倾向于纵向一体化的规模型扩张，牺牲了专业化分工可以带来的更高的生产效率。②在考察企业异质性时选取企业异地子公司比例检验市场分割对企业的区域性影响，描述性统计显示市场分割程度越高的地区，异地子公司占比越低，某种程度上说明市场分割限制了企业在辖区外的发展，且异地子公司占比越多的企业，市场分割对企业一体化发展的促进作用随企业在异地的发展越容易被削弱，即市场分割促进企业规模扩张的结果主要存在于异地子公司更少的企业中；区分地区市场竞争程度的差异后发现，市场竞争越激烈，市场分割对企业一体化发展的正向作用越弱，即市场分割促进企业规模扩张的结果主要存在于市场竞争程度较低的地区。③进一步地，我们发现市场分割下企业的资源优势使企业在纵向扩张的同时也会选择横向发展，即地区市场分割越严重，当地企业尤其是国有企业的多元化程度越高。综合来看，由于市场分割下地方政府对本地企业的偏袒和保护，本地企业尤其是国有企业因占优资源，在企业发展战略选择过程中倾向于选择纵向一体化和横向多元化的规模型扩张策略，在一定程度上牺牲了企业专业化分工水平。

对市场分割下企业纵向一体化程度的研究基于微观层面更具体地验证了地方政府在企业经营策略选择过程中起到的作用，相比于已有文献，本章贡献主要体现在以下三个方面：

首先，补充了企业纵向一体化所受影响因素的文献，除企业自身特质如资产专用性、资本密集度等是影响企业选择一体化发展的重要因素外，政府管制程度、地方政府质量、企业所处市场环境等也是企业进行边界选择时的重要考虑因素。市场分割背后是带有自利本质的地方政府行为，研究其对企业一体化选择倾向的影响既可以从更全面的视角透析企业边界选择决策中的政府角色，也可以拓展有关企业边界影响因素的相关认知。

其次，弥补了市场分割阻碍国内专业化分工发展在微观企业层面研究的不足。本章发现市场分割促进企业纵向一体化和横向多元化发展，反过来也说明市场分割降低了企业对专业化分工的选择概率，市场分割下的地方保护主义对企业在发展战略上是选择纵向一体化还是外包型专业化，在理论推测过程中可能存在矛盾，以实证结果明晰市场分割对企业发展战略影响的具体结果有助于进一步认识地方政府在企业经营发展中的角色定位。

最后，从市场分割的视角为政府干预下国有企业的盲目扩张提供了实证依据，周黎安和罗凯（2005）指出国有企业在政府干预下盲目追求规模扩张，认为只要规模大，企业效率即可得到提高，但强行扩张的结果可能是资源错配导致的效率下降和技术创新能力减弱。本章虽未在企业生产效率层面进行具体检验，但也通过垂直专业化分工的下降在一定程度上表明了市场分割下地方政府推动的规模型扩张牺牲了可能更具效率的专业化分工经营模式（庞春，2010）。在社会劳动越来越复杂，分工越来越细化的经济环境中，规模型扩张可能会阻碍企业参与到技术更新和高技术产业发展中，没有地方政府的保护这种企业便会失去市场竞争力。资源优势对企业而言并非绝对优势，值得我们进一步深思。

3.2 文献回顾：企业一体化的影响因素

3.2.1 交易成本理论

企业一体化问题最初源于 Coase（1937）在《企业的性质》一文中对

"企业为什么存在"这一问题的讨论，属于企业边界问题。通过分析企业和市场这两种不同的组织机制形式，Coase（1937）借用交易成本的概念，分析了企业机制和市场机制的分界点，指出企业最优边界的判定依据是企业组织成本与市场交易成本的对比。Coase 的交易成本理论得到学术界的广泛认可和文献支持（Arnold，2000；Roberts，2010），在其理论的基础上，Klein et al.（1978）、Williamson（1979）、Acemoglu et al.（2009）等以不同产业的企业样本为基础，研究并指出资产专用性（包括专用型实物资产和专用型人力资产）越高、企业所处产业的资本密集度越高，企业与企业间的交易成本便越高，进而促使企业选择纵向一体化发展战略。

除企业和所处行业自身异质性对交易成本的影响外，企业所在的市场环境、制度环境及政治环境等也是构成交易成本理论的重要维度。市场环境方面，Perry（1988）论证指出企业进行纵向整合的主要动机是为了规避来自上游供应的风险，Liberman et al.（1991）以 34 个化学加工制造厂商为研究样本分析了企业进行后向整合的考虑因素，他们提出多数学者在讨论交易成本理论时，忽略了对需求不确定性的考虑，实证检验表明如果来自上游供应商的原材料供应存在较大的不确定性，下游厂商会为确保要素供应稳定进行后向的垂直整合。Coles 和 Hesterly（1998）研究了公立及私立医院的 2 900 多起交易事件，发现环境不确定性是资产专用性正向影响企业一体化决策的重要调节因素，较高的环境不确定性会促使企业在资产专用性水平较低时，便选择纵向一体化发展战略。Fan（2000）以 19 世纪 70 年代 OPEC 石油行业的价格动荡为自然实验数据检验交易成本理论，发现要素价格的不确定性会促进企业的纵向一体化，且这种正向反应仅存在于资产专用性较高的交易中。

制度及政治环境方面，Stigler（1951）在讨论 Smith 的劳动分工理论时，就提出企业专业化分工程度会受到公共管制（如"二战"期间政府对产品或要素的价格管制）影响的观点。Macchiavello（2007）运用不完全契约理论模型发现，除项目投资额度和资产专用性之外，投资者权利保护越低会导致企业的纵向一体化程度越高。

中国的市场环境经历了从计划经济时期政府的全面干预到逐步的分权改革，形成了计划组织与价格机制并存共用的具有中国特色的制度和政治环境，这引起部分学者对中国特殊制度环境下企业边界影响因素的探讨：陈信元和黄俊（2006）通过对刘永行"炼铝"案例的分析发现，因政府管制无法实现资源的有效配置，它改变了市场交易成本和企业内部组织成本的对比关系，从而促使企业将原本由市场组织的生产垂直整合到企业内部。于立宏和郁义鸿（2006）系统研究了我国煤电产业链在需求波动条件下的纵向安排与政府规制的理论框架，认为对于我国煤电产业链而言，需求波动和政府规制政策是影响厂商纵向安排选择的两个最重要因素。Fan et al.（2009）以中国沪深两市 2001—2003 年的上市公司为样本，实证检验发现地方产权保护越弱，地方产品和投入品市场越不发达，该地区企业就越倾向于一体化发展。李青原和唐建新（2010）运用 2003 年年初世界银行与中国国家统计局合作的投资气氛调查项目提供的数据，从多个维度系统检验了处于新兴与转轨经济时期的中国企业纵向一体化程度的决定因素，发现价格不确定性越高，政府对原材料供应行业采用规制政策，契约实施强度越弱，则企业纵向一体化程度相应越高。郑辛迎等（2014）利用 1999—2007 年中国工业企业数据库和投入产出表构造制造业企业的一体化程度指数，实证分析表明地区制度质量越高，企业越倾向于专业化，地区金融发展程度越高，企业越倾向于一体化。

3.2.2 所有权理论

所有权理论认为交易成本理论仅仅关注了垂直整合的收益，却忽略了整合的成本，Grossman 和 Hart（1986）、Hart 和 Moore（1990）指出企业纵向一体化决策既会产生收益，也存在一定的成本，如同一个硬币的两面。

他们提出所有权理论框架，强调一体化过程中所有权的改变也是影响企业是否选择一体化的重要因素。通过构建模型和案例分析，他们发现一体化过程中取得所有权就是购买另一方的剩余权利，当剩余权利被一方购买便意味着另一方失去相应权利，这将不可避免地造成扭曲。只有在企业 1 取得控制权后得到的生产力增加程度大于企业 2 失去控制权其生产力降低的程度时，企业 1 购买企业 2 才是合适的；反之若二者控制权对管理的生产力同样重要，非一体化才是最优选择。有效的所有权不仅取决于投资关系的专用性程度，而且取决于这些投资对于交易关系所得利润的重要性。在他们的所有权理论框架的基础上，Woodruff（2002）对所有权理论进行实证检测，通过对莫斯科一家制鞋厂的调查数据检验了制造商和零售商之间的一体化模式，以区别于交易费用理论。与所有权理论一致，他们发现当零售商的非合约投资对整体利润有重要影响时，垂直一体化的成本是相当高的。所有权理论同时关注了垂直整合的收益和成本两个方面，将观察视角着眼于整体社会福利的提高，而不仅仅是一体化主导企业的收益。

3.2.3　市场范围理论

与企业纵向一体化紧密相关的另一方面的文献是对企业专业化分工水平的研究，在纵向边界上，纵向一体化和垂直专业化[①]是企业纵向边界的两端，是企业确定最优边界时对发展战略方式的选择（范子英和彭飞，2017）。

宏观层面的中国市场一体化[②]缺失的后果是同构、低效的“诸侯经济”，这一观点已成为学术界的共识，国内外不少学者还以地区专业化水平的发展趋势来说明中国市场分割的发展趋势。Smith（1776）的劳动分工理论中关于市场范围的假说认为社会分工的精细度取决于市场范围，市场

---

① 垂直专业化又称为纵向分离、垂直分离、垂直解体、纵向分解等；纵向一体化又称为垂直一体化、垂直整合、纵向整合等（郑方，2010）。

② 在经济学文献中，一体化通常指纵向一体化，本书所指的一体化也是如此。

范围越大，越有利于专业化分工的发展，越有助于规模经济的实现及生产效率的提高。一直以来，中国地方政府主导的市场分割导致国内市场规模缩小，从而降低区域专业化分工水平的负面效应被广大学者诟病。Young（2000）认为在中国渐进式市场化改革过程中形成的市场分割使得地区间专业化分工受阻，各地无法发挥比较优势；王小龙和李斌（2002）指出我国存在地方贸易保护因而形成统一大市场受阻，加上地方保护提高了区域间交易费用，分工经济的好处既无法体现，分工协作过程又可能停滞甚至倒退。白重恩等（2004）对地方保护和区域专业化间的关系进行了实证检验，并指出地方保护主义设置的贸易壁垒加大了自由贸易的难度，从而削弱了专业化应有的优势；因此，地方保护主义对地区间专业化分工有很大的阻碍作用。

上述讨论市场分割阻碍地区专业化分工的研究，均立足地区宏观层面，近年来有关专业化分工的理论也多集中于国际分工和产业内分工，较少涉及企业层面的专业化分工。最早对分工理论进行讨论的文献是斯密的《国富论》，他在书中提出的市场范围理论已在企业专业化分工理论中得到广泛的认可和应用。Stigler（1951）在市场范围理论的基础之上，提出影响企业专业化分工的另外一个因素，即产业周期。Stigler认为斯密的理论避开了对市场竞争的讨论，企业所处产业是成长期还是成熟期意味着产业中竞争程度的不同，也会影响企业对专业化程度的选择。Ippolito（1977）系统阐述了斯密的劳动分工理论，并利用二战期间美国造船业的数据验证了市场规模扩大是有利于企业垂直专业化的。Garicano和Hubbard（2003）利用服务业人口普查数据检验律师事务所的边界，发现市场规模扩大有助于律所实现更高的垂直专业化水平。王冬和吕延方（2012）依托交易成本经济学理论，实证分析决定企业纵向一体化程度的关键因素时，推测市场规模的扩大对分工程度的促进作用存在临界点，因此其未必对企业纵向一体化程度有显著影响。结果却与推测不符，他们发现市场规模扩大将导致企业一体化的生产绩效提高，因此促进企业进行专业化分工，这支持了斯密的分工理论。唐东波（2013）考察了中国工业行业的企业分工状况，发现市场规模越大企业的垂直专业化分工程度越高。

3.2.4 小结

纵向一体化和垂直专业化是企业纵向边界的两端，从研究数量来看，国外针对科斯交易成本理论和亚当·斯密劳动分工理论的系统阐述、实证检验、案例分析等各种拓展研究从不同角度分析了企业边界的有关影响因素。相比之下，针对国内企业纵向一体化的研究较为不足。从研究角度来看，西方经济发展的制度背景与国内制度背景存在较大的差异，国外文献的分析视角集中在企业和行业本身的异质性及上下游厂商的供需环境上，较少有针对政府干预的讨论；而中国改革开放过程中形成的特殊的经济体制、制度环境为我们从制度背景出发研究企业纵向一体化发展战略提供了独特的条件，目前为数不多的中国企业边界影响因素的研究也较关注地方政府质量、制度质量、政府规制政策等政府因素的影响。市场分割这一制度性政府行为的背后是地方政府的经济利益和地方官员的政治晋升利益，其在企业发展过程中既提供"父爱主义"（Kornai，1986；林毅夫和李志赟，2004）和"政治庇护"（杨治等，2007）的支持因素，也提供使企业承担就业、养老和社会稳定任务（Lin et al.，1998；马连福和曹春方，2011）的掠夺因素。市场分割下企业如何进行纵向边界选择？在复杂的影响因素中哪种因素占主导地位？对这些问题的探讨对于我们理解企业边界以及政府和企业的关系具有重要的指导意义。

3.3　研究假设

市场分割的背后是政府行为，学术界对政府在微观经济发展过程中角色定位的讨论包括"中性政府""支持之手""掠夺之手"等，分析视角不同结论便有所差异，也因此我们无法从市场分割这一宏观制度性政府行为视角直接得出市场分割促进或抑制企业纵向一体化的结论。企业在分割的市场环境中如何选择其生产组织形式，其中的影响因素较为复杂，我们试图提出以下两种观点进行分析。

3.3.1　交易成本理论

19世纪80年代我国的市场分割主要表现为地方政府阻止原材料流出并禁止外地加价后产品进入本地市场的行为，如"羊毛大战""蚕茧大战"等（Naughton，2003）。随着改革进程的推进，市场分割的负面效应逐渐凸显，中央政府为打破地区市场分割、消除地区封锁，发布了一系列的文件，提出相应的整改方案，地方政府为追逐地区经济利益或政治晋升利益也在中央政策下不断调整地区保护的方式、设立隐形壁垒，如在地区内部出台政策促销本地产品[①]，以查扣、收费等各种方式对外地厂商进行排挤[②]，消极应对中央政策[③]等。但无论地方政府采取地方保护和分割的形式如何变化，究其成因仍然离不开对地区经济利益和官员政治晋升利益的追逐，这个过程中地方企业作为构成经济发展的微观主体，一方面是政府实现经济发展的重要载体，另一方面也是地方保护下各种政策和资源的受益者。

---

① http://news.hsw.cn/system/2009/02/04/006582810.shtml
② http://finance.qq.com/a/20131016/017963.htm
③ http://finance.sina.com.cn/roll/2017-02-15/doc-ifyarrcf4030851.shtml

从要素市场的角度分析，地方政府控制了大量地区型资源，如信贷、税收、政府采购等（潘红波和余明桂，2011），市场分割下地方政府采取的对本地企业的保护主义会体现在对企业资源的偏袒上。如早期的"蚕茧大战"和"羊毛大战"等资源大战中，地方政府为保证当地制造商的原材料供应，会采取限制供应商原材料价格和资源外销的措施进行管制（Naughton，2003）；或者在对外来企业及外来人员地方性收费、在银行信贷和承兑清算等方面采取歧视性做法（臧跃菇，2000）等。从产品市场的角度分析，产品市场上的地方保护主义主要表现为采用非市场手段防止外地产品进入本地市场影响本地产品的生产和销售，包括对外地产品征收额外费用、增加审批难度①、以媒介宣传形式诋毁外地商品质量（陈甬军，1994）等。总之无论在要素市场还是产品市场，政府对本地企业的保护都使得企业成为资源和政策的受益主体。

可见严重的市场分割虽然限制了地区间商品和服务贸易（白重恩 等，2004）、增加了地区间交易成本（王小龙和李斌，2002）；但与此同时，也在地区内降低了企业与企业之间的交易成本。而外部低成本的市场交易环境有助于企业通过外包实现分工，从而放弃将外部交易纳入企业内部的决策，因此在市场分割严重的地区，企业纵向一体化程度将更低。由此我们提出假设 H3.1a：

假设 H 3.1a：市场分割越严重，企业纵向一体化程度越低。

3.3.2 资源优势理论

无论市场分割下企业的市场交易成本是增加还是降低，其市场及生产规模是扩大还是缩小，在要素和产品市场上拥有的资源规模方面，企业都是占优的，且分割越严重，地方保护越强烈，企业的资源优势越明显。

首先从企业自身发展角度进行分析，分权制改革后中央权力下放使得

---

① http://finance.qq.com/a/20131016/017963.htm

地方政府经济发展及行政权力扩大，如分税制改革后地方拥有预算内和预算外的双份财权、国家限额以下各类建设项目审批权、对地方国有资源的分配权（如土地、矿产、水资源等）、对地方所属企业的人事和财务管理权等（臧跃茹，2000），政府也因此可以在权力范围内为地方企业提供采购合同、税收优惠、信贷优惠等（潘红波和余明桂，2011）。而企业一体化除了应对外部交易成本提升和不确定性外，也会因其占优的资源以扩大市场容量为目的进行垂直整合（Riordan，1998），防止竞争者进入，获取占优的市场地位从而争取更多的资源。可见从企业自身发展角度来看，市场分割下的资源优势会为其提供一体化的能力和动机。

其次从企业承担政治任务角度进行分析，市场分割背后是地方政府对短期经济目标和政治目标、地方官员政治晋升目标等多重目标的追求，企业发展则是政府实现其利益的重要渠道，地方政府为企业提供资源支持的同时，也需要企业承担相应的政策性负担，如经济发展战略、就业、社会养老、社会稳定等等（Lin et al.，1998）。市场分割状态为地方政府更好地控制辖区企业提供了条件，企业利润最大化、生产效率最大化等效率型目标因政府的参与而发生偏离，牺牲更有效率的分工模式而追求纵向一体化的战略发展模式也是实现政策型负担的需求所致。这既有助于短期内增长地方 GDP 收入，也有助于解决就业等社会问题，

最后从外部竞争环境进行分析，Stigler（1951）讨论产业周期与企业垂直专业化的关系时认为，行业发展到一定阶段，具备一定规模和前景时，才有动机和条件将中间生产或服务环节外包给专业厂商，即专业竞争者的进入使企业自产自销的模式反而因尾大不掉而无法适应市场竞争，其一体化优势不再存在。但是市场分割下地方政府为本地企业发展"保驾护航"（刘凤委 等，2007），以政府补贴促销本地产品、构建隐性贸易壁垒限制或打击竞争对手（周业安 等，2004），通过各种行政或非行政手段限制外来竞争者的发展（平新乔，2004）。由此分割越严重的地区，本地企

业面临的竞争压力也越小。可见从企业外部竞争环境而言，市场分割下的竞争环境也为其创造了有利的一体化发展条件。

综上所述，我们相应提出假设 H3.1b：

假设 H3.1b：市场分割越严重，企业纵向一体化程度越高。

3.3.3　市场分割影响企业一体化的产权异质性

如假设 H3.1b 得证，则说明市场分割下企业更倾向于采用一体化战略发展方式。前文已论述过政府实施市场分割的动因是基于财政及政治晋升的激励，目的是实现经济和政治目标，这也使得市场分割对本地企业往往是不公平的。地方政府需要依靠更易掌控的企业承担政策型负担，解决社会就业等任务，也会将其掌控的资源更多地配置给能更好实现政府目标、完成政府任务的企业。相比非国有企业，地方政府实施地方保护的对象会更倾向于国有企业（白重恩 等，2004；林毅夫和刘培林，2004；陈敏 等，2007）。一方面，地方政府有依靠国有企业获取利益的需求，地方国有企业作为地方财政的重要来源，其发展有助于地方政府维持地区经济持续发展，保证财政收入的稳定性（银温泉和才婉茹，2001）；另一方面，对地方政府而言，地方政府对国有资本的控制力度更强（平新乔，2004）或者说地方政府有更多特殊方法从国有企业获益（白重恩 等，2004）。在中国普遍存在制度软约束的情况下，地方政府掌握着大量的预算外收入及对部分增长成果的分配权（付强和乔岳，2011），有较强的动机将其控制的资源优先分配给国企（Gamaut et al.，2001；Cull and Xu，2003；Allen et al.，2005；黄孟复，2007）；全国工商联 2010 年《国有和民营企业发展速度及效益状况比较》的报告指出，国企更可能比私有企业享受到产品市场和要素市场的政策优待，如在银行贷款及股市融资上享有诸多特权（Firth et al.，2008），在陷入财务困境时更容易获得财政补贴（Faccio et al.，2006）等，也更可能进入管制性和垄断性行业，更可能获得政府采购合同（芮明杰和宋亦平，2001；世界银行，2006；方军雄，2007；余明桂和潘红波，2008）等。

除更易受到地方政府保护外，国有企业也更易受政府干预影响，如其异地并购概率显著低于非国有企业（潘红波和余明桂，2011），建立异地子公司的数据也显著低于非国有企业（曹春方 等，2015）。因此对于国有企业而言，地方保护也是把双刃剑，既可以得到更多本地资源、政策的优待，相应也更易受到行政干预的各种限制。因此我们提出假设 H3.2：

假设 H3.2：市场分割对企业纵向一体化程度的促进效应在国有企业中更显著。

3.4 研究设计

3.4.1 模型构建与变量说明

为验证假设 H3.1 和 H3.2，我们构建模型（3-1）进行检验：

$$\text{VAS}_{i,\ t} = \beta_0 + \beta_1\, \text{msi}_{i,\ t-1} + \sum \text{control}_{i,\ t-1} + \varepsilon \qquad (3-1)$$

对市场分割下企业一体化水平的考察，本质是研究存在市场分割的政府行为时，企业在纵向边界选择方面受到的影响。对企业纵向一体化的测量参考最早的具有代表性并被广泛运用的测试方法，即由 Adelman（1955）提出的价值增值法（value added to sales，VAS），以不同产业链上增加值占销售收入的比值来衡量一体化程度，在一个企业中，自身包含的生产和分销的阶段越多，其价值增值的比率就越高。但 VAS 存在局限性：首先，Buzzel（1983）指出传统的价值增值法会受到企业盈利能力的影响，增加值中包含的净利润会导致企业盈利与一体化之间呈正相关关系。比如两家结构相同的公司 A 和公司 B，除了 A 的产品销售收入高于 B10%外，没有其他任何差异，但是按传统 VAS 方法测算的公司 A 的一体化程度将高于公司 B，这显然是不合情理的。其次，VAS 测算的一体化对纵向产业链中各阶段敏感性有限，即若厂商位于产业链尾部或者说位于较低端的位置，其一体化的厂商就转少，但所计算的 VAS 可能有相同的结果（周勤，2002）。为消除嘈杂的影响因素，Buzzel（1983）对 VAS 指标进行了修正，较好地回避了传统 VAS 方法受利润率影响的缺陷，具体计算公式如下（范子英和彭飞，2017）：

$$修正 VAS = \frac{增加值-税后净利润+正常利润}{主营业务收入-税后净利润+正常利润}$$

$$= \frac{增加值-税后净利润+净资产 \cdot 平均净资产收益率}{主营业务收入-税后净利润+净资产 \cdot 平均净资产收益率}$$

其中，净资产=资产总计-负债总计+少数股权收益，平均净资产收益率为不同行业历年来的净资产收益率的平均值，采用扣除非经常损益后的净利润与期末净资产的百分比，该指标静态反映了企业净资产创造利润的能力。企业增加值为销售额与采购额之差（Buzzell，1983；黄丹 等，2010）。正常利润等于企业净资产与行业净资产收益率的乘积，因为行业净资产收益率反映了企业如果把资源使用在具有相同风险的业务上所能等到的平均正常回报，比较真实地反映了企业的机会成本。采购额计算公式如下：

采购额 =［（购买商品、接受劳务支付的现金支出 + 期初预付款 - 期末预付款 + 期末应付款 - 期初应付款 + 期末应付票据 - 期初应付票据）］／［（1+采购商品的增值税率）+ 期初存货 - 期末存货］

除此之外，参考范子英和彭飞（2017）的研究，我们也在指标选择方面进行了以下处理：计算企业增加值时选取的销售额为企业主营业务收入而非营业收入，因为上市公司也存在多元化发展模式，为了体现产业链上的业务，选取主营业务收入以剔除产业链以外的相关业务。

解释变量市场分割（msi）的测量见第 1 章"方法与数据"部分的计算过程。我们将省份层面的市场分割数据匹配到公司层面。

控制变量方面，参考李青原和唐建新（2010）、郑辛迎等（2014）的研究，我们控制了企业特征、公司治理及宏观环境方面的影响因素，以及影响企业一体化的特定相关因素。企业特征包括企业规模（size）、企业资产负债率（lev）、企业盈利能力（roa）、企业年龄（lnage）、固定资产比率（far）、存货密集度（ii）；公司治理变量为第一大股东持股比例（top1）；宏观环境方面，由于外部制度环境会影响企业交易成本，进而影响企业内部交易成本和外部市场交易成本的对比关系（Klein et al., 1978），因此我们控制各省份市场化程度（makall），以控制交易成本；企业边界的潜在影响因素包括企业资本密集度（intensity）和市场范围（indscale）。为避免内生性，将控制变量滞后一期处理。我们还考虑年度和行业差异，控制年度虚拟变量 year 和行业虚拟变量 ind，其中行业分类以证监会 2012 年发布行业分类为准。具体变量衡量方式见表 3-1。

3.4.2 样本和数据

样本方面，我国新会计准则在 2007 年开始实施，为使会计数据的统计更具可比性，我们选择 2007—2015 年中国上市公司数据作为初选样本。我们对样本进行如下筛选处理：①剔除金融业数据。②剔除 ST 企业样本。③剔除相关财务数据缺失和公司注册地缺失的数据。④以价值增值法测量企业一体化程度，若某企业完全自主化，没有任何外购物品，则 VAS 值为 1；反之若企业业务单一则 VAS 为 0，在分工效应研究框架下，VAS 合理值域为（0，1），因此我们也剔除 VAS 值缺失或不在合理值域（0，1）的样本。⑤剔除央企样本，即由国务院国资委实际控制的企业，一方面央企直属中央国资委，并不隶属于地方政府管辖，另一方面央企一般属垄断性行业，在行业内居于龙头地位，其经营发展战略受地方政府影响较小，基于地方政府行政干预形成的市场分割对央企的影响自然也较小。

数据来源方面，本章所用的数据包括市场分割数据和母公司特征数据。被解释变量 VAS 中行业平均净资产收益率来自 WIND 数据库，其他指标及控制变量均取自国泰安数据库。市场分割的计算方法及数据来源已在第 1 章市场分割测量部分进行说明。进行相应处理后得到 9 007 个观测值，其中国有企业 2 428 个，非国有企业共 6 579 个。

表 3-1 变量及定义

变量	变量定义
VAS	修正的价值增值比率
msi	市场分割，某省与其他省份居民消费价格指数的相对价格变动方差的平均值
size	企业规模，企业资产总额取对数
lev	企业资产负债率，总负债与资产总额之比
roa	企业盈利能力，净利润与资产总额之比
lnage	企业年龄，样本年份减去注册年份后，加 1 取对数
far	固定资产比率，固定资产与资产总额之比
ii	存货密集度，存货与资产总额之比
top1	第一大股东持股比例
makall	市场化程度，以市场化指数总得分（王小鲁 等，2016）衡量
intensity	企业资本密集度，固定资产与从业人员之比，再取对数衡量
indscale	市场范围，企业营业收入与其所属行业总营业收入之比

3.4.3 描述性统计

主要变量的描述性统计见表 3-2。Panel A，统计显示，样本整体的企业一体化程度比较高，一半企业的 VAS 大于 0.945，VAS 均值为 0.905；样本中企业所在地区的市场分割程度也较低，中值为 -0.675，均值为 -0.549，在统计上也证明了国内市场趋于整合状态。我们进一步以各年度市场分割中值进行分组，检验了企业一体化的差异，结果如 Panel B，企业一体化程度（VAS）在市场分割较大组的均值（0.911）和中值（0.949），分别大于市场分割较小组的均值（0.900）和中值（0.942），且都在1%的水平上存在显著差异，这也在统计上说明市场分割越高的地区，企业一体化程度也相对更高。支持了假设H3.1b，即市场分割越严重地区，企业一体化程度也越高。

表 3-2　描述性统计

Panel A 变量描述性统计						
variable	N	mean	$p25$	$p50$	$p75$	sd
VAS	9 007	0.905	0.888	0.945	0.975	0.123
msi	9 007	−0.549	−0.776	−0.675	−0.433	0.396
size	9 007	21.457	20.718	21.312	22.044	1.058
lev	9 007	0.401	0.217	0.379	0.549	0.718
roa	9 007	0.043	0.021	0.047	0.075	0.515
lnage	9 007	2.485	2.303	2.565	2.773	0.393
far	9 007	0.231	0.109	0.201	0.328	0.160
ii	9 007	0.154	0.069	0.124	0.199	0.132
top1	9 007	36.747	24.850	35.491	47.661	14.978
makall	9 007	7.653	6.440	7.810	9.080	1.768
intensity	9 007	12.292	11.672	12.307	12.936	1.048
indscale	9 007	0.021	0.002	0.005	0.016	0.052
Panel B 市场分割差异分组						
	Mean			Median		
	msi> median	msi<= median	difference	msi> median	msi<= median	difference
VAS	0.911	0.900	0.011 ***	0.949	0.942	0.005 ***

注：$^*\,p<0.1$，$^{**}\,p<0.05$，$^{***}\,p<0.01$。

3.5　实证结果与分析

3.5.1　市场分割与企业一体化

3.5.1.1　对 H3.1 和 H3.2 的回归检验

我们对市场分割影响企业一体化选择的回归模型（3-1）进行检验，结果如表 3-3 所示，假设 H3.1a 和 H3.1b 的回归结果如表 3-3 第（1）列所示，市场分割与企业一体化（VAS）呈显著正相关，显著性水平为 1%，说明市场分割越严重，企业越倾向于一体化，证实了假设 H3.1b，市场分割下企业倾向于选择一体化发展战略，政府干预导致企业利用自身资源优势进行纵向扩张。假设 H3.2 的回归结果如表 3-3 第（2）、（3）列所示，进一步区分企业的产权性质差异后，发现市场分割对企业一体化的促进作用主要反映在国有企业，且显著性水平为 1%，而非国有企业一体化水平受市场分割影响不存在显著性；这表明了市场分割促进企业一体化的产权差异，也支持了假设 H3.2。

表 3-3　市场分割、产权与企业一体化回归结果

VARIABLES	全样本	国有企业	非国有企业
	（1）	（2）	（3）
	VAS	VAS	VAS
msi	0.009 ***	0.016 ***	0.005
	（3.08）	（2.98）	（1.38）
size	−0.001	0.007	−0.004
	（−0.50）	（1.53）	（−1.42）
lev	−0.127 ***	−0.215 ***	−0.107 ***
	（−5.14）	（−7.67）	（−5.03）

表3-3(续)

	全样本	国有企业	非国有企业
roa	-0.163***	0.212***	-0.138***
	(-5.03)	(3.79)	(-4.97)
lnage	-0.002	0.003	0.003
	(-0.57)	(0.23)	(0.68)
far	-0.016	0.014	-0.024
	(-0.92)	(0.43)	(-1.24)
ii	-0.055**	-0.031	-0.074***
	(-2.51)	(-0.85)	(-3.20)
top1	-0.000	-0.000	0.000
	(-0.67)	(-0.88)	(0.07)
makall	-0.001	-0.000	-0.003
	(-0.68)	(-0.07)	(-1.58)
intensity	0.002	0.006	0.001
	(0.91)	(1.30)	(0.58)
indscale	-0.241***	-0.329***	-0.245***
	(-4.50)	(-2.62)	(-3.96)
Constant	0.980***	0.662***	1.035***
	(16.59)	(6.49)	(16.35)
Ind / Year	Y	Y	Y
Observations	9 007	2 427	6 580
R-squared	0.406	0.462	0.413

注：括号内为 t 值并对企业进行 cluster 调整。* $p < 0.1$，** $p < 0.05$，*** $p < 0.01$。

控制变量方面，交易成本（makall）与企业一体化负相关，即市场化程度越高，交易成本越低，则企业无须因外部市场较高的交易成本而将市场交易纳入内部组织，说明市场交易成本的降低有助于企业选择垂直专业化发展模式（Arnold，2000；Roberts，2001），抑制其一体化的发展；资本密集度（intensity）与企业一体化正相关，这与 Acemoglu et al.（2009）的文献一致；市场范围（indscale）与企业一体化负向显著相关，也说明市场范围越大，企业垂直专业化水平越高，与 Garicano 和 Hubbard（2003）以及唐东波（2013）的文献一致。

3.5.1.2 稳健性检验

1. 遗漏变量和测量误差

本章所指市场分割是地方政府在追求经济和政治收益过程中在辖区内实施地方保护的行为，属于制度性政府行为，但广义的市场分割影响因素除制度性因素外，还包括自然和技术因素（范欣 等，2017），自然性市场分割由地区间空间距离、地理阻碍等物理因素影响，技术性市场分割主要由地区间劳动者素质差异和技术水平差异影响。相比政府以地方保护为基础的制度性因素，自然和技术型市场分割通过增加交通运输、信息通信、城市公用事业等基础设施建设即可得到大幅度缓解（范欣 等，2017）。因此我们以价格法测量市场分割可能存在测量误差及遗漏变量问题，忽略了交通基础设施等影响因素。鉴于此，我们将自然和技术因素型市场分割从相对价格法测算的市场分割指数中予以剔除，参考现有文献（刘凤委 等，2009；曹春方 等，2015b），以基础设施投资对市场分割进行回归，并用回归残差替代原分割指数对模型（3-1）进行回归检验，以排除自然、技术型因素对市场分割的影响。

对基础设施的测量参考张军等（2007）、金戈（2012），估计基础设施的资本存量，计算过程中对其统计范围进行适当修正。根据历年《中国统计年鉴》中提供的全社会分行业固定资产投资原始数据，对照世行报告界定的基础设施范围，选取合适的科目进行估算。由于统计年鉴对固定资产的统计口径自 2003 年发生改变，我们以各省 2003 年的基础设施投资数据除以 10% 作为基期资本存量（范欣 等，2017）。具体统计科目包括"电力、燃气及水的生产和供应业""交通运输、仓储和邮政业""信息运输、计算机服务与软件业""水利、环境和公共设施管理业"。计算方法为国内外研究者衡量物质资本存量时最常用的永续盘存法（Goldsmith，1951），如 Kamps（2006）、范九利等（2004），具体计算公式如下：

$$\text{Infra}_t = \text{Infra}_{t-1}(1 - \text{Ratio}_t) + \text{Inve}_t \tag{3-2}$$

其中，Infra_t 为第 t 年的基础设施资本存量，Inve_t 为该年的基础设施投资，等于上述四个基础设施相关科目的投资金额之和，基础设施资本存量和投资均按不变价格计算。Ratio_t 为资本折旧率，本章认可张军等（2004）以 10%作为分母去除 2003 年基础设施投资数据作为基期资本存量的做法，因此资本折旧率为 10%。

　　测算出各省每年基础设施投资数据后，对其进行标准化处理以消除量纲影响，然后以基础设施投资（Infra）作为自变量，对相应年份的市场分割指数（因变量）进行回归，回归结果如表 3-4 所示。表 3-4 中，基础设施投资数额越大，市场分割就越弱，表明基础设施建设有利于打破市场分割，推进市场一体化进程，与范欣等（2017）的文献一致。在表 3-4 的基础上，我们以估计回归残差作为市场分割指数（msi）的替代变量（msi_resi）。同样地，为避免内生性，对其进行滞后一年处理。

表 3-4　市场分割与基础设施投资回归结果

VARIABLES	市场分割 （1） msi
Infra	-0.090^{***}
	（-21.91）
Constant	-0.711^{***}
	（-51.78）
Ind / Year	Y
Observations	9, 007
R-squared	0.459

注：括号内为 t 值并对企业进行 cluster 调整。* $p < 0.1$，** $p < 0.05$，*** $p < 0.01$。

　　残差（msi_ resi）作为解释变量的回归结果见表 3-5 第（1）—（3）

列，全样本和国有企业样本中，残差（msi_resi）系数仍在1%水平上显著为正，表明剔除自然和技术因素后的市场分割仍然正向影响企业一体化程度，也说明市场分割越严重，企业越倾向于垂直专业化，且市场分割对专业化的抑制效应在国有企业中更明显，基本结果与表3-3一致，表明我们的结论不受自然和技术型市场分割的影响，排除了遗漏变量和测量误差的因素。

2. 关键变量的替代测量

本章在利用修正的VAS测算企业一体化程度时，计算采购额的过程中使用的增值税税率以最高值17%为基础假定，这样处理的优点在于可以估算出企业一体化程度的下限，如果在低估的情况下，也存在市场分割对企业一体化程度的促进作用，那么回归结果就是比较稳健的。

但由于研究对象涉及的上市公司来自不同行业，其税率并不一致，因此我们分别以13%和0%的增值税税率作为替代性检验做进一步的佐证。对一体化程度的替代测量见表3-5第（4）—（9）列，结论与表3-3的基础回归保持高度一致，且研究显示，估算采购额使用的增值税税率越低，市场分割对企业一体化的正向作用越明显。这同我们的预测相一致。

表3-5 稳健性检验回归结果

VARIABLES	全样本	国有企业	非国企	全样本	国有企业	非国企	全样本	国有企业	非国企
	(1)	(2)	(3)	(4)	(5)	(6)	(7)	(8)	(9)
	VAS			13%税率VAS			0%税率VAS		
msi_resi	0.009***	0.015***	0.004						
	(2.96)	(2.85)	(1.21)						
msi				0.009***	0.017***	0.005	0.011***	0.019***	0.006
				(3.08)	(2.97)	(1.39)	(3.08)	(2.95)	(1.42)
size	-0.001	0.007	-0.004	-0.002	0.007	-0.004	-0.002	0.009	-0.005
	(-0.50)	(1.51)	(-1.42)	(-0.50)	(1.54)	(-1.44)	(-0.53)	(1.60)	(-1.51)
lev	-0.127***	-0.216***	-0.107***	-0.132***	-0.223***	-0.110***	-0.149***	-0.254***	-0.125***
	(-5.14)	(-7.67)	(-5.03)	(-5.14)	(-7.69)	(-5.04)	(-5.14)	(-7.75)	(-5.04)
roa	-0.163***	0.211***	-0.138***	-0.169***	0.217***	-0.143***	-0.192***	0.238***	-0.162***
	(-5.03)	(3.79)	(-4.97)	(-5.03)	(3.76)	(-4.98)	(-5.03)	(3.66)	(-4.98)
lnage	-0.002	0.003	0.003	-0.002	0.003	0.003	-0.003	0.003	0.004
	(-0.56)	(0.24)	(0.68)	(-0.56)	(0.23)	(0.69)	(-0.52)	(0.24)	(0.72)
far	-0.017	0.014	-0.024	-0.017	0.015	-0.025	-0.018	0.017	-0.027
	(-0.95)	(0.42)	(-1.26)	(-0.91)	(0.44)	(-1.23)	(-0.86)	(0.45)	(-1.19)

表3-5（续）

VARIABLES	全样本	国有企业	非国企	全样本	国有企业	非国企	全样本	国有企业	非国企
	(1)	(2)	(3)	(4)	(5)	(6)	(7)	(8)	(9)
	VAS			13%税率 VAS			0%税率 VAS		
ii	-0.055**	-0.030	-0.074***	-0.058**	-0.033	-0.076***	-0.066***	-0.041	-0.086***
	(-2.52)	(-0.84)	(-3.21)	(-2.53)	(-0.88)	(-3.21)	(-2.60)	(-0.98)	(-3.26)
top1	-0.000	-0.000	0.000	-0.000	-0.000	0.000	-0.000	-0.000	0.000
	(-0.68)	(-0.86)	(0.06)	(-0.69)	(-0.87)	(0.05)	(-0.72)	(-0.87)	(0.01)
makall	-0.001	-0.000	-0.003	-0.001	-0.000	-0.003	-0.001	-0.000	-0.003
	(-0.81)	(-0.20)	(-1.64)	(-0.68)	(-0.07)	(-1.58)	(-0.68)	(-0.07)	(-1.58)
intensity	0.002	0.006	0.002	0.002	0.006	0.002	0.003	0.007	0.002
	(0.93)	(1.32)	(0.59)	(0.91)	(1.30)	(0.58)	(0.92)	(1.31)	(0.60)
indscale	-0.240***	-0.325**	-0.245***	-0.250***	-0.344***	-0.253***	-0.285***	-0.404***	-0.284***
	(-4.50)	(-2.59)	(-3.96)	(-4.51)	(-2.63)	(-3.96)	(-4.52)	(-2.66)	(-3.95)
Constant	0.978***	0.649***	1.054***	0.979***	0.648***	1.037***	0.978***	0.594***	1.046***
	(16.55)	(6.37)	(16.75)	(16.03)	(6.12)	(15.86)	(14.17)	(4.93)	(14.25)
Ind / Year	Y	Y	Y	Y	Y	Y	Y	Y	Y
Observations	9,007	2,427	6,580	9,007	2,427	6,580	9,007	2,427	6,580
R-squared	0.406	0.462	0.413	0.407	0.462	0.414	0.408	0.463	0.416

3.5.2 替代解释检验

3.5.2.1 交易成本的竞争性解释

上文证实的市场分割越严重企业一体化程度越高的理论，主要证实了假设 H3.1b，我们对企业资源优势的理论推断，认为市场分割下企业倾向于选择一体化战略发展模式的主要原因是市场分割背后的地方保护行为为企业带来的资源优势，如信贷资源、优先项目选择权、市场准入合同以及地方保护对外部竞争的限制等，都使企业因其占优的资源以扩大市场容量或完成政策性负担为目的进行垂直整合（Riordan，1998），强化其市场力量，尤其是地方国有企业。

然而企业在市场分割下更倾向于一体化也有可能是外部环境不确定性增加引致的交易费用的增加导致的。政府干预下的市场环境通常存在一定的不确定因素，如我国自 1990 年起实施的干部交流制度，形成了官员频繁更替的异地交流环境，也给地区的政治环境带来不确定性；另外政府难以获得分散个体所拥有的知识和信息，政府和企业间的信息不对称很容易使政府产生干预不当的问题（陈信元和黄俊，2006）；再次政府官员也存在私人利益，并不能完全以社会财富最大化的原则行动（Shleifer and Vishny，1994）。而地区市场分割越严重，政府干预的能力和动机也越强，其带来的不确定性可能反而会使企业面临更高的市场交易成本。

除此之外，刘凤委等（2007）发现市场分割阻断要素自由流动反而会使本地企业承担较高的生产要素成本，如更高的原材料价格、较低的劳动工资率或过多的劳动冗员等。可见地方保护政策带来的市场分割，并不一定因保护而降低企业间交易成本，而一体化便是替代不确定制度环境的有力工具（Fan and Huang，2009；李青原和唐建新，2010）。

如果以上逻辑成立，那么市场分割对企业一体化的正向效应在市场化程度更高或者交易成本更低的环境中应该不存在，因为交易成本较低，企业一体化动机便没有那么强烈。依此逻辑，我们以中位数对交易成本进行分组，交易成本的测量如前文所述，参考唐东波（2013）以市场化程度总得分替代，得分越高，地区交易成本越低。分组结果见表3-6，研究发现全样本和国有企业样本组中，在市场化程度较高或较低的地区，市场分割对企业一体化的促进作用依然存在，且主要表现在国有企业，经过邹检验后发现分组结果并无显著差异。该结果表明即使企业面临的交易成本较低，国有企业在地方保护中获取的资源优势仍然会促使其进行一体化发展，进一步印证了我们的理论假说，也表明市场分割严重时，交易成本并非促使企业选择一体化的主要因素，企业考虑更多的是自身市场力量的扩张和对占优资源的利用。

表3-6　交易成本分组回归结果

VARIABLES	全样本		国有企业		非国有企业	
	交易费用		交易费用		交易费用	
	高	低	高	低	高	低
	（1）	（2）	（3）	（4）	（5）	（6）
	VAS	VAS	VAS	VAS	VAS	VAS
msi	0.008 **	0.008 **	0.013 *	0.023 **	0.003	−0.002
	（2.02）	（2.20）	（1.85）	（2.51）	（0.69）	（−0.55）
Equality Test	［0.92］		［0.31］		［0.29］	
size	−0.004	0.006 **	0.006	0.009	−0.005	0.001
	（−1.06）	（2.07）	（1.16）	（1.25）	（−1.02）	（0.42）
lev	−0.107 ***	−0.199 ***	−0.202 ***	−0.245 ***	−0.086 ***	−0.178 ***
	（−4.06）	（−10.49）	（−6.53）	（−4.59）	（−4.12）	（−9.47）
roa	−0.139 ***	0.024	0.214 ***	0.321 ***	−0.113 ***	0.018
	（−4.01）	（1.12）	（3.59）	（2.79）	（−4.11）	（0.84）
lnage	−0.005	0.004	−0.004	0.026	0.003	0.004
	（−0.88）	（0.92）	（−0.34）	（1.26）	（0.40）	（1.02）

表3-6(续)

VARIABLES	全样本		国有企业		非国有企业	
	交易费用		交易费用		交易费用	
	高	低	高	低	高	低
	(1)	(2)	(3)	(4)	(5)	(6)
	VAS	VAS	VAS	VAS	VAS	VAS
far	−0.036	0.039*	−0.002	0.065	−0.044	0.029
	(−1.58)	(1.84)	(−0.04)	(1.29)	(−1.56)	(1.28)
ii	−0.080***	0.018	−0.034	0.023	−0.110***	−0.000
	(−2.67)	(0.82)	(−0.84)	(0.37)	(−3.17)	(−0.01)
top1	−0.000	−0.000	−0.000*	0.001	0.000	−0.000
	(−0.41)	(−0.69)	(−1.78)	(1.19)	(0.88)	(−1.11)
makall	−0.000	−0.004	−0.002	−0.003	−0.000	−0.003
	(−0.03)	(−1.57)	(−0.58)	(−0.39)	(−0.02)	(−1.12)
intensity	0.006*	0.001	0.008	0.001	0.005	0.001
	(1.88)	(0.51)	(1.54)	(0.09)	(1.19)	(0.47)
indscale	−0.244***	−0.253***	−0.435***	−0.155	−0.245***	−0.255***
	(−3.08)	(−3.83)	(−2.62)	(−1.21)	(−2.89)	(−3.10)
Constant	0.951***	0.834***	0.693***	0.658***	1.030***	0.920***
	(10.62)	(11.27)	(5.74)	(4.10)	(9.24)	(12.04)
Ind / Year	Y	Y	Y	Y	Y	Y
Observations	4,342	4,665	1,721	706	2,621	3,959
R-squared	0.396	0.489	0.473	0.523	0.388	0.450

注:括号内为 t 值并对企业进行 cluster 调整。* $p < 0.1$,** $p < 0.05$,*** $p < 0.01$。

3.5.2.2 市场范围的竞争性解释

企业一体化或企业边界问题的考虑因素除交易成本外,也不能忽视市场范围的作用(Young,1928)。市场分割压缩了区域内市场规模(银温泉和才婉茹,2001),使企业发展受阻于市场规模和生产规模(叶宁华和张伯伟,2017;周黎安,2004;刘瑞明,2012)的观点已在众多研究中有所体现。市场分割下的区域产业结构趋同现象也是中国经济发展中的结构性痼疾（张平和李世祥，2007），产业结构趋同进一步增加地方政府间为增长而竞争的地方保护激励，由此形成的后果便是企业面临的市场范围进一步被压缩。"斯密定理"认为分工范围会受到交换能力，即市场范围的限制，如果市场范围没有扩大到一定程度，即需求没有多到使专业生产者的产品能够全部被卖掉时，专业生产者便不会存在（郑辛迎 等，2014；唐东波，2013）。

从这个角度分析，企业在市场分割下面临的市场规模受限并不利于企业垂直化专业分工的发展，反而会促使企业选择一体化发展模式。同样地，依此逻辑推断，市场规模越大的地区，市场分割对企业一体化的促进作用越弱，市场分割下企业面临市场规模的缩小也是促使企业选择一体化的可能原因。参考黄玖立和李坤望（2006），本章测量了市场规模大小，计算公式为：$\mathrm{rms}_{i,\,t} = \sum_{j \neq i} \left(\dfrac{\mathrm{GDP}_{jt}}{D_{ij}} + \dfrac{\mathrm{GDP}_{it}}{D_{ii}} \right)$。其中 GDP_{jt} 为 t 时期 j 省区的地区生产总值；D_{ij} 为 i、j 两省区省会城市间的距离；GDP_{it} 为 t 时期 i 省区的地区生产总值；D_{ii} 为 i 省区内部距离。按上文方法以中位数对市场规模进行分组，表3-7的结果显示，无论在市场规模较大还是较小的分组中，市场分割对企业一体化的促进作用依然在全样本和地方国有企业样本中显著存在，经邹检验后发现市场分割对企业一体化的促进作用在市场规模较大或较小的分组中均未表现出显著的差异性，表明市场分割较严重的地区，市场规模大小并非企业选择一体化的主要考虑因素，进一步证实了本章前文关于资源优势假说的推论。

表 3-7　市场规模分组回归结果

VARIABLES	全样本		国有企业		非国有企业	
	市场规模		市场规模		市场规模	
	大	小	大	小	大	小
	(1)	(2)	(3)	(4)	(5)	(6)
	VAS	VAS	VAS	VAS	VAS	VAS
msi	0.018*	0.007**	0.084**	0.011**	0.004	0.003
	(1.78)	(2.32)	(2.05)	(2.09)	(0.38)	(1.03)
Equality Test	[0.29]		[0.14]		[0.96]	
size	−0.003	0.002	0.010	0.002	−0.005*	0.001
	(−0.79)	(0.32)	(1.39)	(0.32)	(−1.84)	(0.12)
lev	−0.119***	−0.159***	−0.247***	−0.198***	−0.102***	−0.124***
	(−3.77)	(−3.92)	(−5.20)	(−5.97)	(−4.68)	(−2.67)
roa	−0.156***	0.050	0.249**	0.216***	−0.134***	−0.006
	(−3.74)	(0.98)	(2.28)	(3.44)	(−4.68)	(−0.12)
lnage	−0.002	0.005	0.017	0.001	0.004	0.007
	(−0.54)	(0.76)	(0.92)	(0.08)	(0.96)	(0.94)
far	−0.018	−0.001	0.022	0.011	−0.017	−0.034
	(−1.07)	(−0.04)	(0.41)	(0.28)	(−0.78)	(−1.07)
ii	−0.045**	−0.054*	−0.008	−0.060	−0.054**	−0.100**
	(−2.09)	(−1.76)	(−0.13)	(−1.56)	(−2.24)	(−2.52)
top1	−0.000*	−0.000	0.000	−0.000*	−0.000	0.000
	(−1.69)	(−0.48)	(0.23)	(−1.73)	(−0.81)	(1.07)
makall	0.000	−0.002	0.002	0.002	−0.003*	−0.002
	(0.14)	(−1.09)	(0.57)	(0.85)	(−1.92)	(−0.83)
intensity	0.002	0.004*	0.005	0.010*	0.001	0.004
	(1.00)	(1.65)	(0.68)	(1.91)	(0.31)	(1.02)
indscale	−0.360***	−0.158**	−0.541***	−0.217	−0.293***	−0.214**
	(−5.99)	(−2.23)	(−2.98)	(−1.54)	(−3.40)	(−2.53)

表3-7(续)

VARIABLES	全样本		国有企业		非国有企业	
	市场规模		市场规模		市场规模	
	大	小	大	小	大	小
	（1）	（2）	（3）	（4）	（5）	（6）
	VAS	VAS	VAS	VAS	VAS	VAS
Constant	0.985 ***	0.846 ***	0.578 ***	0.761 ***	1.075 ***	0.886 ***
	（14.32）	（8.63）	（3.90）	（6.44）	（16.88）	（6.64）
Ind / Year	Y	Y	Y	Y	Y	Y
Observations	5, 264	3, 743	901	1, 526	4, 363	2, 217
R-squared	0.452	0.426	0.511	0.489	0.476	0.399

注：括号内为 t 值并对企业进行 cluster 调整。* $p < 0.1$，** $p < 0.05$，*** $p < 0.01$。

3.5.3 异质性分析

3.5.3.1 异地子公司分布异质性分析

前文稳健性检验再一次证明了本章关于市场分割促进企业一体化是因为地方保护下企业拥有占优资源从而倾向于利用资源进行一体化扩张的理论，但地方政府对地方国企的支持具有很强的地域特性。一方面在以经济利益为主的政治晋升考核体系下，地方政府发展经济的动机主要限于当地，也会因此倾向于支持当地经营的企业，尤其是地方国企；另一方面地方政府的支持手段如税收优惠、采购合同及信贷资源支持等都具有很强的地域性（潘红波和余明桂，2011）。这使得我们分析的资源优势理论尤其是地方国有企业的资源优势也主要限于当地，因此我们利用异地子公司数据对市场分割促进企业一体化的地域特性进行分析，以证明本章的理论推导主要限于本地的前提条件是存在的。

关于市场分割阻碍地方国企异地发展的理论在先前的文献中已有证实，方军雄（2009）以1995—2007年上市公司对非上市公司的并购样本发现同一行政区域内本地并购数量显著高于不同行政区域之间的异地并购数量，其中由地方政府直接控制的企业更多实施本地并购，央企则可能突破地方政府阻碍实现跨地区并购；潘红波和余明桂（2011）以上市公司并购事件为样本发现地方国企异地并购的概率显著低于民营企业；曹春方等（2015a）研究市场分割对企业异地子公司分布及效果影响时发现市场分割导致地方国企比民企有更少的异地子公司分布。

我们通过 CSMAR 数据库和手工查找年报获得上市公司子公司及其地理分布数据，以异地子公司总数与子公司总数之比测算异地子公司比例（crorat），并统计在不同市场分割强度下，异地子公司的分布情况，如表3-8 所示。

表 3-8　异地子公司描述性统计

异地子公司分布在市场分割分组下的差异						
	mean			median		
	市场分割			市场分割		
	强	弱	diff	强	弱	diff
全样本	0.374	0.397	−0.024***	0.333	0.348	−0.015***
地方国企	0.281	0.295	−0.014*	0.222	0.238	−0.016*
非国企	0.451	0.452	−0.001	0.444	0.444	0.000

注：$^* p < 0.1$，$^{**} p < 0.05$，$^{***} p < 0.01$。

表3-8 中显示，在市场分割严重的地区，无论是异地子公司比例的均值还是中值，均小于市场分割程度较弱的地区，这种差异在地方国企中尤为明显，而非国企的异地子公司分布比例在市场分割分组中并不存在显著差异。另外表3-8 中还显示，地方国企的异地子公司分布比例远小于非国企的异地子公司分布比例。市场分割越严重，企业设立异地子公司的概率也越小，且地方国企异地子公司分布对市场分割的敏感性越强，这也为前文分析的资源优势理论提供了地域特征方面的证据。

已有文献指出地方国企建立异地子公司较少的原因可以从两个角度进

行分析：

首先，从地方政府"支持之手"的角度看，由于地方政府对企业的支持手段主要通过其掌控的资源，而这些资源又具有较强的地域性，相较本地企业，异地子公司所能获得的母公司所在地政府的支持较少，因此其建立异地子公司的动机较弱（潘红波和余明桂，2011）。按此逻辑，企业异地子公司越多，其获取的地方政府资源支持必定越弱，尤其是地方国有企业，那么在异地子公司更多的企业中，市场分割对企业一体化的正向效应也会越减弱，且主要体现在地方国企中。

其次，从地方政府"掠夺之手"的角度看，企业留在本地需要承担相应的政治任务，而在异地设立的子公司将其税收、就业都留在异地，地方政府通过异地子公司履行政治任务的成本较高，会要求地方国企建立更少的异地子公司（曹春方 等，2015a），而异地子公司的建立也能在一定程度上帮助地方国企逃离政府的干预。依此逻辑，企业异地子公司越多，其逃离地方政府干预的能力越强，融入跨区域竞争的过程中，企业以垂直专业化提高企业竞争力的需求也越强，这样也使得异地子公司更多的企业中，市场分割对企业一体化的促进作用更低，而且这些作用主要体现在地方国企中。

综上分析，我们在异地子公司分布的异质性分析中推测：市场分割对企业一体化的促进作用在异地子公司更多的企业中被削弱，而在异地子公司较少的企业中更明显；且这种差异主要体现在地方国有企业中。

3.5.3.2 行业竞争情况异质性分析

企业异地子公司比例的高低是企业内部因素，而市场分割对本地企业一体化的影响也因行业竞争环境而存在差异。前文资源优势理论中我们提到外部市场竞争的加剧是促使企业从纵向一体化转向垂直专业化发展模式的因素之一（Stigler，1951），市场分割对外部竞争的排斥为企业创造了有利的一体化发展条件。而企业所处行业因行业发展前景和行业内企业数量不同其竞争程度也存在一定的差异，市场分割对企业的庇护有政府追求短期目标的盲目性，并不能形成长久的庇护。一方面，行业内竞争越激烈，企业在市场分割下一味进行一体化规模扩张，最终面临被行业内企业挤出的风险越大，通过技术革新提高生产率是寻求发展的重要途径（Aghion et al.，2015；简泽 等，2017），此时企业将资源用于一体化等规模型扩张的意愿也随之降低；另一方面，新制度经济学理论认为，产品市场竞争程度越高，市场细分程度就越高（李青原 等，2007），通过专业化分工提高核心竞争力、提升对市场的响应速度是应对竞争的手段之一。因此我们认为市场分割对企业一体化的促进作用会随行业竞争加剧被削弱。

基于以上分析，我们在行业竞争情况的异质性分析中推测：在竞争激烈的行业中，市场分割对企业专业化分工的抑制效应被削弱，该效应主要存在于非激烈竞争的行业，且主要体现在国有企业中。

3.5.3.3 回归结果

为验证上述异质性分析的两个推测，我们进行分组回归，分组回归结果见表3-9，PanelA为异地子公司比例分组检验后的结果，我们分别在全样本、国有企业样本和非国有企业样本中对异地子公司分组，并按异地子公司比例是否高于中位数分别分为两组，然后比较市场分割与企业一体化的关系在两组中的差异。表中显示，异地子公司占比不同的组中市场分割对企业一体化的促进作用也不同，进一步分产权回归后，发现异地子公司差异对结果产生的影响仅体现在国有企业中，邹检验显示全样本中异地子公司的分组差异在5%的水平上显著，国有企业样本中异地子公司分组差异在10%的水平上显著，研究结果同我们的理论推导相一致，证实了国有企业资源优势随异地子公司分布增加而有所削弱的现象，明晰了本章结论的地域特性。

行业竞争情况异质性的验证需进行行业竞争度的分组，其中行业竞争程度以赫芬达尔指数（HHI）衡量，（HHI）= $\sum (X_i/X)^2$，其中，$X = \sum$

X_i，X_i 为某行业内公司 i 的销售额，以 HHI 中值为界对行业竞争程度进行分组，HHI 小于中值则记为行业竞争激烈组，HHI 大于等于中值则反之。模型（3-1）分全样本、国有企业和非国有企业样本后，再分别在两组中进行回归，结果见表 3-9 的 Panel B。全样本和国有企业样本中，市场分割对企业一体化的促进作用仅存在于竞争较为缓和的企业中，表明激烈的行业竞争产生的竞争压力使企业不再一味追求一体化扩张，支持了行业竞争情况异质性分析的推测。

表 3-9　分组回归结果

Paenl A 异地子公司占比不同的分组回归						
VARIABLES	全样本		国有企业		非国有企业	
	（1）	（2）	（3）	（4）	（5）	（6）
	crosubrat>= median	crosubrat< median	crosubrat>= median	crosubrat< median	crosubrat>= median	crosubrat< median
VARIABLES	VAS	VAS	VAS	VAS	VAS	VAS
msi	0.004	0.015***	0.011	0.017*	0.001	0.009
	(0.97)	(2.84)	(1.36)	(1.83)	(0.12)	(1.51)
size	−0.001	−0.004	−0.016**	−0.004	−0.005	−0.005
	(−0.18)	(−0.89)	(−2.09)	(−0.34)	(−1.00)	(−1.03)
lev	−0.142***	−0.099***	−0.185***	−0.276***	−0.124**	−0.076***
	(−3.05)	(−2.67)	(−6.03)	(−5.88)	(−2.39)	(−3.61)
roa	0.020	0.120**	0.345***	0.168	−0.007	0.053
	(0.28)	(2.20)	(3.89)	(1.64)	(−0.10)	(1.17)
lnage	0.004	0.002	0.012	0.001	0.004	0.003
	(0.70)	(0.38)	(0.68)	(0.03)	(0.72)	(0.63)
far	−0.010	−0.008	−0.077	−0.024	−0.018	−0.025
	(−0.36)	(−0.25)	(−1.53)	(−0.45)	(−0.55)	(−0.80)
ii	−0.064*	−0.058	−0.118	0.003	−0.075*	−0.099**
	(−1.73)	(−1.56)	(−1.64)	(0.05)	(−1.81)	(−2.27)
top1	−0.000	0.000	−0.001**	−0.001	−0.000	0.000

表3-9(续)

VARIABLES	(1)	(2)	(3)	(4)	(5)	(6)
	(−1.20)	(0.05)	(−2.47)	(−1.26)	(−0.49)	(1.07)
makall	−0.000	−0.002	0.007*	−0.002	−0.002	−0.003
	(−0.18)	(−0.79)	(1.88)	(−0.44)	(−1.03)	(−0.92)
intensity	0.004	−0.002	0.009	0.000	0.005	−0.003
	(1.59)	(−0.44)	(1.22)	(0.04)	(1.44)	(−0.97)
indscale	−0.140***	−0.299***	0.006	−0.076	−0.157***	−0.241**
	(−3.10)	(−2.62)	(0.04)	(−0.33)	(−2.76)	(−2.05)
Constant	0.965***	1.060***	1.147***	1.041***	1.048***	1.157***
	(9.38)	(10.26)	(6.82)	(4.34)	(9.34)	(12.03)
Ind / Year	Y	Y	Y	Y	Y	Y
Observations	2 872	2 879	866	864	2 111	1 910
R−squared	0.455 4	0.395 2	0.362 5	0.323 9	0.459 8	0.433 3

Paenl B 行业竞争程度的分组回归

VARIABLES	全样本		国有企业		非国有企业	
	(1)	(2)	(3)	(4)	(5)	(6)
	激烈	缓和	激烈	缓和	激烈	缓和
msi	0.006	0.012***	0.015	0.017***	0.004	0.007
	(1.41)	(2.95)	(1.44)	(2.71)	(0.90)	(1.38)
size	0.002	0.002	0.025***	0.005	−0.001	0.003
	(0.58)	(0.41)	(3.04)	(0.85)	(−0.22)	(0.64)
lev	−0.100***	−0.206***	−0.248***	−0.213***	−0.085***	−0.183***
	(−4.42)	(−7.35)	(−6.57)	(−6.19)	(−4.93)	(−5.21)
roa	−0.131***	0.057	0.072	0.226***	−0.111***	−0.025
	(−4.41)	(1.25)	(0.90)	(3.14)	(−4.96)	(−0.50)
lnage	−0.002	−0.001	−0.004	−0.008	0.003	0.004
	(−0.33)	(−0.22)	(−0.27)	(−0.58)	(0.55)	(0.72)
far	−0.039*	0.043*	0.059	0.041	−0.055**	0.038
	(−1.79)	(1.75)	(1.49)	(0.89)	(−2.27)	(1.36)
ii	−0.065**	−0.008	−0.032	−0.038	−0.088***	−0.029

表3-9(续)

	(−2.47)	(−0.29)	(−0.63)	(−0.84)	(−3.20)	(−0.98)
top1	0.000	−0.000**	0.000	−0.000	0.000	−0.000
	(0.97)	(−2.05)	(0.63)	(−0.31)	(1.40)	(−1.10)
makall	−0.002	0.000	−0.000	0.003	−0.004**	−0.001
	(−1.43)	(0.09)	(−0.00)	(1.13)	(−2.20)	(−0.42)
intensity	0.002	0.002	−0.004	0.005	0.003	0.000
	(0.66)	(0.69)	(−0.66)	(0.79)	(0.94)	(0.13)
indscale	−0.909***	−0.201***	−1.294***	−0.315**	−0.913**	−0.213***
	(−2.79)	(−3.80)	(−3.87)	(−2.34)	(−2.10)	(−3.72)
Constant	0.976***	0.884***	0.562***	0.800***	1.036***	0.880***
	(16.05)	(9.72)	(3.70)	(6.17)	(16.11)	(7.05)
Ind / Year	Y	Y	Y	Y	Y	Y
Observations	4 500	4 507	878	1 549	3 622	2 958
R-squared	0.440 4	0.437 7	0.560 0	0.466 9	0.435 2	0.446 2

注：括号内为 t 值并对企业进行 cluster 调整。$p < 0.1$，** $p < 0.05$，*** $p < 0.01$。

3.6 进一步讨论

纵向一体化与垂直专业化属于企业纵向边界的两端，本章内容围绕市场分割对企业纵向一体化选择的影响进行讨论，且我们证明了市场分割对地方企业尤其是地方国有企业一体化的促进效应。通过对竞争性解释的排除和企业异质性分析，我们证实了关于资源优势理论的猜想，即市场分割越严重的地区，地方企业享受的资源及政策优惠也越多，企业可能会为扩大市场容量、完成政策性负担进行一体化规模扩张。

企业的规模扩张除了纵向一体化之外，也包括横向多元化经营策略，虽然是规模扩张的两个不同方向，发展动机却存在一定的重合。一方面，市场分割下向地方国有企业聚集的资源对企业而言形成富余资本，利用富余资本和已有能力发挥资源优势是企业选择多元化经营的目的之一（姚铮和金列，2009），除企业自身目标外，市场分割下企业面临更严重的政府干预，对地方政府而言，无论是基于 GDP 的财政目标还是基于增加就业的社会目标，都偏好产出的增加（田伟，2007）。为实现产出最大化目标，大力推动企业多元化投资，做大企业规模将是有效途径（柳建华，2009）。另一方面，Larrson（1999）对多元化动机的个人理性理论认为企业管理者会出于管理者动机追求个人利益，而地方国有企业部分管理者是官员或者有较强政治联系的人员，其追求的目标往往是任职期间个人收益的最大化（吴延兵，2012）以及企业规模扩大带来的更高的声望和薪酬（柳建华，2009），加之国有企业存在复杂的委托代理关系，显性激励不足的经营者为最大化自身控制权收益有强烈动机盲目进行多元化项目投资，以扩大企业规模。基于以上分析，我们提出本章最后一个假设 H3.3：

假设 H3.3：市场分割越严重，地方企业尤其是地方国有企业的多元化水平越高。

为验证该 H3.3，我们选取被广泛使用的熵指数（EI）以及企业经营所跨行业数目（N）衡量企业多元化程度，其中熵指数 EI 的计算公式为：

$\text{EI} = \sum_{i=1}^{n} P_i \ln(1/P_i)$，其中 P_i 为某企业第 i 行业的收入占总收入的比重，n 为该企业所涉及的行业数，N 即公司主营业务收入所涉及行业个数，企业多元化程度越高，EI 和 N 的值越大。其中企业涉及行业及某行业收入情况来自 WIND 数据库，对照证监会行业分类（2012）三位数行业进行整理获得。在本章样本的基础上，参考林钟高等（2015），删除销售收入小于 0 的样本，保留有效观测值 8 939 个，其中国有企业 2 429 个，非国有企业 6 510个，并构建模型（3-2）对假设 H3.3 进行实证检验：

$$\text{EI}(N)_{i,\,t} = \beta_0 + \beta_1 \text{msi}_{i,\,t-1} + \sum \text{control}_{i,\,t-1} + \varepsilon \qquad (3\text{-}2)$$

同样区分所有制类型进行回归，结果见表 3-10，在第（1）—（4）

列全样本和国有企业样本中，市场分割（msi）前系数均在 1% 或 5% 的水平上显著为正，表明市场分割会促进地方企业，尤其是地方国有企业的多元化水平，但这种效应在非国有企业中不存在，以此验证了假设 H3.3。控制变量方面，企业规模（size）越大、盈利能力（roa）越强、资本密集度（intensity）越高，则企业多元化水平越高，与现有文献一致。

表 3-10　市场分割与企业多元化回归结果

VARIABLES	全样本		国有企业		非国有企业	
	（1）	（2）	（3）	（4）	（5）	（6）
	EI	N	EI	N	EI	N
msi	2.743 *	0.147 **	5.091 *	0.212 **	0.168	0.070
	（1.82）	（2.37）	（1.84）	（2.06）	（0.07）	（0.91）
size	4.817 ***	0.205 ***	2.806	0.098	3.732 ***	0.221 ***
	（9.23）	（6.51）	（1.11）	（1.28）	（2.98）	（5.99）
lev	1.260	0.051	1.437	0.172	0.830	0.049
	（1.11）	（0.88）	（0.13）	（0.50）	（0.50）	（0.94）
roa	0.632	0.028	−32.833	−0.805	0.351	0.030
	（0.41）	（0.36）	（−1.34）	（−1.06）	（0.16）	（0.43）
lnage	5.128 ***	0.243 ***	−10.286	0.099	7.583 ***	0.261 ***
	（4.07）	（3.29）	（−1.37）	（0.47）	（2.94）	（3.44）
far	−21.919 ***	−0.746 ***	−36.332 ***	−1.150 **	−13.898 *	−0.432
	（−5.91）	（−3.10）	（−2.72）	（−2.55）	（−1.66）	（−1.63）
ii	10.209 **	0.508 *	27.315	1.390 *	4.046	0.154
	（2.52）	（1.71）	（1.41）	（1.90）	（0.47）	（0.57）
top1	−0.059 *	−0.002	−0.145	−0.002	−0.075	−0.004 *
	（−1.88）	（−1.20）	（−1.01）	（−0.48）	（−1.05）	（−1.75）
makall	−0.138	−0.015	0.701	−0.015	0.044	−0.014
	（−0.49）	（−0.82）	（0.58）	（−0.37）	（0.06）	（−0.70）
intensity	3.730 ***	0.121 ***	4.371 *	0.196 ***	2.411 **	0.059 *

表3-10(续)

VARIABLES	全样本		国有企业		非国有企业	
	(1)	(2)	(3)	(4)	(5)	(6)
	EI	N	EI	N	EI	N
	(6.66)	(3.52)	(1.80)	(2.62)	(2.09)	(1.66)
indscale	4.728	−0.339	87.049*	2.010	−2.283	−0.854
	(0.47)	(−0.56)	(1.71)	(1.47)	(−0.11)	(−1.38)
Constant	−103.270***	−3.370***	−33.636	−2.561	−73.948***	−2.941***
	(−8.90)	(−4.67)	(−0.57)	(−1.44)	(−2.67)	(−3.64)
Ind / Year	Y	Y	Y	Y	Y	Y
Observations	8,939	8,939	2,429	2,429	6,510	6,510
R-squared	0.100	0.118	0.230	0.181	0.078	0.096

注：括号内为 t 值并对企业进行 cluster 调整。* $p < 0.1$, ** $p < 0.05$, *** $p < 0.01$。

3.7 本章小结

西方经济理论中有关企业边界的讨论皆是基于市场经济和契约关系的，带有明显的自由交换的特征。中国由计划经济向市场经济转轨过程中形成的特殊的制度背景，以及为激励地方政府积极性而采取的赶超竞争策略，使中国区域间形成条块分割的经济状态，而这显然是不同于西方经济理论中讨论的以劳动分工和商品交换为基础的市场经济环境的。市场分割下，不同产权性质企业的边界确定也因此存在一定的差异。本章我们讨论了市场分割下企业一体化的经营策略选择倾向，相关结论有：①市场分割下地方政府对当地企业的保护使企业有能力利用其占优资源进行纵向扩张，即市场分割越严重，企业纵向一体化程度越高；②市场分割对企业一体化的促进效应在地方国有企业中更显著；上述结论进行稳健性测试后依然存在；③进一步地，我们分析了企业利用占优资源进行纵向一体化的地域特性和市场竞争带来的冲击，并发现企业异地子公司分布较多时，且地区市场竞争较为激烈时，市场分割对企业一体化的促进效应会相应削弱；④对比纵向扩张，我们验证了市场分割企业多元化经营策略的选择，发现市场分割与地方企业尤其是地方国有企业间的多元化水平成正比，表明企业在市场分割下的资源优势促进了多元化的横向规模扩张。

研究市场分割这一制度性政府行为对企业纵向一体化的影响，并区分不同产权性质企业的差异，既丰富和拓展了企业外部经营环境影响企业边界选择的认知，证实了政府干预这只"看得见的手"对地方企业尤其是地方国有企业一体化的促进效应，也从规模扩张的角度证实了粗放型经济增长模式在微观层面的反映。

本章从微观层面提供了市场分割促进企业纵向一体化规模扩张的证据，市场分割下地方政府对企业尤其是国有企业的支持使其获得超过自身发展需要的资源支持，从而放弃分工而选择一体化，用以扩大规模增加市场力量，但在市场竞争激烈的地区又不得不为应对市场竞争放弃规模型扩张而做减法，选择更具备发展效率的垂直专业化分工经营策略。从这个角度来看，市场分割下当地企业尤其是地方国有企业的一体化扩张未必是有效率的，也从侧面反映了市场分割导致的资源错配给企业发展带来的阻碍。

4 市场分割能否提升企业产品市场竞争地位

4.1 引言

第 3 章对市场分割下企业边界选择倾向的研究发现，在市场分割更严重的区域，企业更倾向于一体化扩张的发展模式，尤其是地方国有企业，其利用占优资源进行扩张，除完成所承担的政治任务外，也可以通过企业一体化获取更大的市场。然而第 3 章并未对市场分割下企业是否能获取更强的市场力量进行研究。带着这个问题，我们将研究对象聚焦于地方国有企业，研究市场分割下其是否获得了更高的产品市场竞争地位。

产品市场竞争作为连接微观企业和宏观经济的桥梁，几乎是促进经济效率的最强力量（Shleifer and Vishny, 1997）。有竞争地位优势的企业拥有诸多优势，如市场力量更强（Gaspar and Massa, 2006）、更易获得市场份额（姜付秀 等, 2008）、有更高的生产增长率（Januszewski et al., 2002），以及更强的抵御外部冲击的能力（Irvine and Pontiff, 2009）。早期文献主要从公司内部因素如资本结构（Brander and Lewis, 1986）、管理层激励（Fershtman and Judd, 1987）、企业现金持有（Bolton and Scharfstein, 1990;

Froot et al.，1993）等方面解释企业产品市场竞争地位（以下简称企业市场竞争地位）。近年来，部分研究开始探讨企业所处的产品市场、要素市场等外部环境因素如何影响企业市场竞争地位，并发现商业周期（Campello，2003）、行业特征（姜付秀和刘志彪，2005）、市场规模及行业集中度水平（Karuna，2007）、外部治理环境（李科和徐炳龙，2009）同样是影响企业市场竞争地位的重要因素。

这些研究虽然已有丰富成果，但在转型经济中的中国，至少还有两方面值得进一步重点推进和探讨：其一，改革开放40多年来，中国政府在经济发展中发挥着至关重要的作用。尤其在分权改革之后，地方政府掌握着地方行政审批、土地征用、贷款担保、政策优惠等重要权限（周黎安，2008），是发展经济和稳定社会秩序的主要执行者（周业安 等，2004）。地方政府行为在企业竞争中有何作用？其二，与国外经济制度不同，中国基本经济制度表现为以公有制为主体、多种所有制经济共同发展，而国企因产权性质差异与非国企有诸多资源和行为上的不同，那么国企市场竞争地位由哪些中国特色因素驱动？现有文献尚未涉及。

与国外不同，中国地区间存在着一定程度的市场分割，这在政府相关政策文件中屡次被提及①，其是导致地区间发展不平衡、不充分的重要因素。但作为具体的政府行为，市场分割以行政权力对资源进行限制和配置并非是无偏的。"支持之手"理论认为，政府在"父爱主义"（Kornai et al.，2003）和"政治庇护"（杨治 等，2007）动机下，会将其控制的稀缺资源优先分配给国企（Garnaut et al.，2001；潘红波和余明桂，2011），这意味着市场分割所聚集的资源和市场保护优势会更多地分配给国企。而无论是资源还是市场保护，都是直接影响国企市场竞争地位的重要因素。因

---

① 如2001年《国务院关于禁止在市场经济中实行地区封锁的规定》要求"地方政府改变或撤消属于实行地区封锁或者含有地区封锁内容的规定"；2013年《国务院机构改革和职能转变方案》其中重要一项为"消除地区封锁，打破行业垄断，维护全国市场的统一开放、公平诚信、竞争有序"；2015年印发的《关于中共中央、国务院深化体制机制改革加快实施创新驱动发展战略的若干意见》中要求"打破地方保护，清理和废除妨碍全国统一市场的规定和做法。

此，本章的研究问题可以聚焦为：市场分割是否以及如何提升国企市场竞争地位？

本章尝试探讨市场分割这一具体地方政府行为，对地方国企市场竞争地位的影响。但需要指出的是由于市场分割对企业的影响具有严格的区域性，我们还将以异地子公司占比对市场分割下国企的影响进行修正，以更好地考察市场分割真实影响的精度和力度。在此基础上，我们还将探讨市场分割影响国企市场竞争地位的资源和市场保护上的支持效应，以及国企创新上的资源诅咒效应。以 2007—2013 年地方国有企业上市公司为样本，本章探讨市场分割对国有企业市场竞争地位的影响。实证发现市场分割提升了地方国企市场竞争地位，并且这种提升作用随其异地子公司比例的增加而减弱；但该效应并不存在于非国有企业中。这些结论经稳健性检验后依然存在，且这些结论也支持了市场分割的"支持之手"效应，其具体的支持效应还包括市场分割下本地国企获得了更多的长期贷款、支付了更低的销售费用。

相比现有文献，本章的主要贡献如下：第一，本章从市场分割这一中国特色政府行为的视角探讨其对地方国企市场竞争地位的影响，以此拓展和丰富了世界范围内企业市场竞争的相关研究，也为市场运营主体、监管部门和投资者更好地评价中国国企市场竞争地位提供参考。现有关于企业市场竞争影响因素的研究重点关注了企业内部、市场和行业等内容，其结论相对更适用于成熟市场以及私有产权性质企业。而本章则对转型经济中中国地方政府具体行为影响下的地方国企市场竞争地位进行了探讨。

第二，本章从"支持之手"角度提供了市场分割长期存在的微观解释。市场分割阻碍国家长期经济增长，又得以长期存在的一个重要宏观解释是：地方政府通过市场分割追求地方短期经济增长，是各省博弈的占优策略（陆铭和陈钊，2009）。但微观实证中，如张杰等（2010）发现市场分割制约了中国本土企业在本土市场上的发展，企业退而求其次选择更多出口；宋渊洋和黄礼伟（2014）发现市场分割减少了证券企业以异地营业部为方式的跨地区经营行为；曹春方等（2015a）则发现市场分割更多表现出"掠夺之手"。这些观点难以在微观层面解释市场分割长期存在的原因。本章以市场分割对国企竞争地位的提升，以及相关贷款和市场保护上的支持效应，从实证上支持了市场分割的"支持之手"，以此提供了市场分割长期存在的微观解释。

4.2 文献回顾：产品市场竞争地位的影响因素

4.2.1 财力雄厚与产品市场竞争

Telser（1966）首次提出企业战胜来自产品市场竞争对手的能力依赖于企业内部变现能力。之后西方众多学者从财务杠杆、库存现金等不同角度验证了企业财力雄厚对于产品市场竞争的重要性，以及囊中羞涩使企业可能面临的掠夺风险。Fudenberg 和 Tirole（1986）认为债权人和企业的代理问题会导致融资约束，从而诱发竞争对手的掠夺行为。Brander 和 Lewis（1986）以及 Maksimovic（1988）强调了股东和债权人对公司的剩余要求权是不一致的，公司的债务比率会影响管理者最大化股东利益的激励，因此投资者可以利用公司的资本结构激励管理者在行业竞争中更加激进从而影响行业竞争均衡。Bolton 和 Scharfstein（1990）指出"财力雄厚（long-purse）"很重要，面临激烈的竞争环境，融资受约束的企业很容易被竞争对手淘汰出局，而应对这种掠夺威胁的最优回应便是降低企业再融资决策对业绩的敏感性，即增加企业陷入业绩困境时进行再融资的可能性。Froot et al.（1993）证明企业的库存现金可以使企业在面临竞争对手的掠夺性威胁时或者阻止新的竞争者进入时保持灵活性。Chevalier（1995）构造了两个竞争性模型，通过对当地连锁超市的研究检验债务对产品市场竞争的影响，结果证明企业负债增加会弱化其市场竞争能力。Zingales（1998）将卡特尔协定的自然实验作为外生冲击检验汽车运输公司的市场竞争力，发现高负债企业在冲击中不容易存活。Maurer（1999）研究了融资约束下，产品市场竞争对创新和投资的影响，也发现负债企业的竞争水平会被削弱。刘端等（2011）分析了融资受限程度在现金持有对产品市场竞争绩效作用过程中的影响，并发现在融资受限的情况下，持有较多现金对企业在产品市场上的竞争具有更明显的积极作用。

针对学者认为融资约束会导致企业遭受掠夺的观点，Povel 和 Raith（2004）分析了资本结构对产品竞争决策在事前事后机制的交互影响，发现融资约束企业存在投资不足，并提出负债企业产出政策变弱可能仅仅是因为财务强大的对手有能力生产数量更大、价格更实惠的产品，而并非是因为遭受掠夺。

4.2.2 外部市场环境与产品市场竞争

除企业自身融资能力等特征外，外部市场环境如行业景气度、市场治理程度、外部竞争程度等，也是影响企业在产品市场竞争中取得优势的重要因素。Campello（2003）发现企业高债务对销售增长的负向影响仅在商业衰退期表现明显，在繁荣期则不存在。姜付秀和刘志彪（2005）将我国沪、深两市上市公司作为研究样本，检验了行业特征、资本结构和产品市场竞争之间的关系。结果表明，在不同的行业特征（成长性产业、成熟性产业及衰退性产业）下，资本结构与产品市场竞争之间的关系表现出不同的特征。他们指出企业的资本结构决策者在考虑到其所在的产品市场竞争情况的同时，还应该深刻地意识到自己所在行业的不同特征。Karuna（2007）认为竞争的决定因素包括好几个维度：产品替代度、市场规模、进入成本、行业集中度水平等。李科和徐龙炳（2009）以实证检验为公司外部治理环境和资本结构影响公司的行业竞争提供了充分证据，他们发现高负债不利于公司的行业竞争，外部治理环境则正向促进公司行业竞争，好的外部治理环境会增强公司在行业中的竞争地位。

4.2.3　小结

产品竞争地位的决定因素既有企业自身特征、内在能力，也有外部市场环境，但学术界的探讨多集中在西方发达国家市场中的企业竞争，国内起步较晚的实证探讨也主要关注行业竞争、产业周期及市场治理环境等，忽略了中国转轨经济下政府在企业竞争过程中的角色和作用。本章从市场分割角度进行分析，着眼于政府以看得见的手在企业竞争中的推动作用，填补了现有文献在这个观察视角的欠缺。

4.3　理论分析与研究假设

4.3.1　市场分割与地方国企市场竞争地位

政府动机是对市场分割的有力解释。在中国的"分权权威制"政府治理下，一方面，中央政府通过政治集权使地方政府有发展地方经济的强激励（周黎安，2004）；另一方面，经济分权也给予了地方政府相当高程度的经济自主权，以追求辖区经济的高增长（Qian and Roland, 1998）。分权权威制促使地方政府之间"为增长而竞争"，但也陷入了分割市场的"囚徒困境"。具体而言，市场分割通过将更多的资源留在本地以获得短期的经济增长，而主动放弃市场分割则可能会损害经济增长，故地方政府实施市场分割可以在各省博弈中占优。而政府行为影响下的市场分割，均会对本地企业的要素资源和产品市场直接产生影响，进而影响企业的竞争地位。

其一，要素资源方面。市场分割表现为阻止要素资源流出本地，以政府行政手段对本地资源实现管制（陈刚和李树，2013）。而要素市场上的资源，尤其是信贷资源对企业市场竞争地位有重要作用。自 Telser（1966）首次指出企业内部变现能力是企业得以战胜竞争对手的决定因素后，众多文献从不同角度证实了产品市场竞争中"财力雄厚"对企业市场竞争的重要性（Bolton and Scharfstein，1990）。融资约束带来的投资不足易引致被掠夺风险从而弱化企业产品市场竞争力甚至导致企业"出局"（Zingales，1998），而拥有充足现金流或融资便利的企业可以有效抵御遭受掠夺的风险（Froot et al.，1993；李科和徐龙炳，2009）。因此，市场分割可以以要素资源优势来提升本地企业市场竞争地位。其二，产品市场方面。市场分割表现为阻止外来产品进入以保护本地企业发展，其实现的途径是增加本地行业壁垒、准入审批、进入障碍等（银温泉和才婉茹，2001）。产品市场上政府对本地企业的保护改变了企业的外部竞争环境，弱化了区域内市场竞争，本地企业所面临的竞争对手威胁以及经营风险大大降低，而这二者极大地影响着企业市场竞争地位（Hou and Robinson，2006；吴昊旻 等，2012）。因此，市场分割可以以市场保护来提升本地企业市场竞争地位。

但政府实施市场分割是为了实现更多的税收和经济增长，这使得市场分割对本地不同产权性质企业的影响往往是有差异的。"支持之手"理论的相关研究强调政府对国企存在"父爱主义"（Kornai et al.，2003；林毅夫和李志赟，2004）和"政治庇护"倾向（Shleifer and Vishny，1994），由此在资源分配中政府优先考虑国企（Garnaut et al.，2001；Allen et al.，2005）。大量文献也发现国企比私有企业更可能享受到产品市场和要素市场的政策优待，如更可能进入管制性和垄断性行业，更可能获得政府采购合同（方军雄，2007）。市场分割下，政府要实现短期经济增长目标，则需要将所控制的资源更多地配置给能更好实现政府收益的企业。相比民企，国企更易受到地方政府干预，从而为政府提供更多的收益。一方面，地方政府能获得较多的地方国企收益。另一方面，地方政府可以通过影响国企经营和战略决策，要求国企承担更多的如税收、促GDP增长、稳就业等政治任务。因此，"支持之手"下，政府会将市场分割所聚集的要素资源和市场保护优势更多提供给国企，而这些资源和优势将提升地方国企的竞争地位。由此我们提出假设H4.1。

H4.1：地区市场分割越严重，地方国企市场竞争地位越高。

市场分割下，政府会更多地将区域要素资源和市场保护优势提供给国企，但这种优势具有非常强的地域性。而一个客观现实是，我国上市公司经营往往是集团式多地经营，表现为公司拥有大量异地子公司（曹春方等，2015a），而国企的异地子公司难以获取市场分割的竞争优势。一方面，在市场分割下的资源流动限制下，相比本地子公司，国企的异地子公司从本地政府获取资源支持的能力较弱；另一方面，地域的差距会加大地方政府与企业的信息不对称程度和沟通的难度，与本地子公司相比，异地子公司由于将对税收、促GDP增长、就业等的贡献留在异地，其履行财政或晋升目标的难度更大，成本也更高（潘红波和余明桂，2011），政府对国企异地子公司的支持效应也会降低。因此随着地方国企异地子公司分布的增加，其获得的要素资源和市场保护优势均会减少，进而其竞争地位降低。我们由此提出假设H4.2。

H4.2：市场分割对地方国企市场竞争地位的促进作用随其异地子公司分布的增加而减弱。

4.3.2 市场分割提升地方国企市场竞争地位的支持路径

如假设H4.1、H4.2得证，则说明市场分割提升了地方国企的竞争地位，并且这种作用在异地子公司较少的地方国企中更强。而市场分割对地方国企市场竞争地位的提升是要素资源和市场保护优势的体现，我们具体从这两方面讨论。

其一，要素资源方面，市场分割聚集的要素资源更多分配给国企。虽然我国银行业已经过多年改革，但地方政府对银行贷款配置仍然有重要影响，这一点被现有文献普遍承认（Bailey et al., 2012；钱先航 等，2011）。因此本地聚集的金融资源将更多被政府所影响，并分配给更能提供政府收益的地方国企。与假设 H4.2 的逻辑相同，这种信贷资源的配置会更多体现在异地子公司较少的国企中。由此，我们提出假设 H4.3a。

H4.3a：地方市场分割越严重，地方国企获得的长期贷款越多；并且该作用随着地方国企异地子公司比例的增加而减弱。

其二，产品市场保护方面，市场分割为地方国企提供更多的市场保护。市场分割通过增加本地行业壁垒、准入审批、进入障碍等措施（银温泉和才婉茹，2001），可以较好地保护本地企业，弱化区域内本地企业面临的市场竞争，而这直接为地方国企市场竞争的提升提供了保障。由于政府提供的市场保护措施难以在数据中直接测量，故我们寻找相应替代指标。在市场保护下，企业面临的外部竞争环境趋缓，必然导致销售费用降低，如企业不用在市场上投入大量广告费或展览费应对竞争对手等。因此我们以销售费用反向捕捉地方国企的市场保护优势，销售费用越低，越有助于企业保持经营现金流，灵活应对竞争对手掠夺性威胁或阻止新的竞争者进入，从而使企业在产品市场竞争中占据优势地位。同样地，这种产品市场保护会更多体现在异地子公司较少的国企中。由此，我们提出假设 H4.3b。

H4.3b：地区市场分割越严重，地方国企的销售费用越低；并且该作用随着地方国企异地子公司比例的增加而减弱。

4.4　研究设计

4.4.1　样本与数据

本章我们要验证市场分割下企业市场竞争地位的变化。样本上，我国新会计准则在 2007 年开始实施，为求会计数据的统计更具可比性，同第 3 章做法，我们以 2007—2013 年地方国企上市公司及所有子公司作为初选样本。另外鉴于金融业的特殊性，我们剔除了金融业样本数据，并剔除了 ST 企业样本和相关财务数据缺失和公司注册地缺失的数据；同时还剔除了中央国企样本，因为其主要属于垄断行业，而且经营的地域范围非常广，很难归属为某一个区域（Fan et al., 2013）。共获得 1 607 个观察值。

关于市场分割（msi）的度量已在第 1 章"方法与数据"部分进行了详细的介绍。我们将省份层面的市场分割数据匹配到公司层面。

由于地方政府行为对企业的影响具有严格的区域性，而中国大量上市公司并非局限在本地发展，这使得市场分割对国企的直接影响存在较大偏差，我们相应以异地子公司比例对此进行修正。上市公司年报的长期股权投资部分记录了子公司情况，我们通过手动整理获得详细的子公司地区分布数据。我们参考曹春方等（2015a）处理对企业发展有重要影响的子公司分布，因此选择母公司持股 50% 及以上的子公司计算子公司分布，剔除了母公司持股比例小于 50% 以及持股信息不详的样本。我们将与母公司不属同一省份的子公司划分为异地子公司。又由于子公司数据是从上市公司年报中的"长期股权投资"项目中整理获取，而 2014 年 3 月 13 日印发的《企业会计准则第 2 号——长期股权投资（修订版）》（财会〔2014〕14 号）自 2014 年 7 月 1 日起开始执行，因此 CSMAR 数据库中将大多数子公司转到了其他长期投资类型，无法从股权和投资类型上获得相对准确的子公司数据，由此样本期间为 2007—2013 年。

本章所用的数据包括上市公司子公司数据、市场分割数据和母公司特征数据，其中子公司数据通过 CSMAR 数据库和手动查找年报获得，母公司特征数据来自 CSMAR 数据库；市场分割数据根据各省价格指数计算得出，数据来自历年《中国统计年鉴》。

4.4.2　模型

4.4.2.1　假设 H4.1 和假设 H4.2 的检验模型构建

我们构建模型（4-1）对假设 H4.1 和假设 H4.2 进行检验，模型中 i、t 表示母公司和年份。

$$\mathrm{comp(growth)}_{i,\,t} = \beta_0 + \beta_1\,\mathrm{msi}_{i,\,t-1} + \beta_2\,\mathrm{msi}_{i,\,t-1} \times \mathrm{crosubrat}_{i,\,t-1} +$$

$$\beta_3\,\mathrm{crosubrat}_{i,\,t-1} + \beta_4 \sum \mathrm{control}_{i,\,t-1} + \varepsilon \qquad (4\text{-}1)$$

被解释变量为市场竞争地位。大量文献以不同的方法度量了公司产品的竞争情况，如产品的定价（Chevalier and Scharfstein，1995）、退出行业等（Zingales，1998）。但这些指标的测量均受制于中国现阶段资本市场的信息披露程度（李科和徐龙炳，2009）。Campello（2003）认为公司相对于行业的销售额的变化能够综合反映定价策略、投资以及其他竞争策略的信息，并使用公司销售增长率相对于行业中值的变化作为公司在产品市场上的竞争地位的度量标尺，这一结论得到广泛应用（姜付秀和刘志彪，2005；李科和徐龙炳，2009），因此相应以公司主营业务增长率相对于行业中值的变化测量企业市场竞争地位（comp）。具体运算如公式（4-2），sales 为营业收入，行业按制造业二级分类标准计算。另外，我们还以主营业务收入增长率（growth）作为公司在产品市场上销售情况更直观的观测，更重要的是该指标在一定程度上可以理解成收入法计算的 GDP 增长率在微观层面的反映。采用主营业务期末营业收入减去期初营业收入再比上期初营业收入计算：

$$comp_{i,t} = [\log(sales)_{i,t} - \log(sales)_{i,t-1}] - med_{ind,t}\{\log(sales)_{i,t} - \log(sales)_{i,t-1}\} \tag{4-2}$$

解释变量为市场分割（msi）。检验假设 H4.1 时，我们假定系数 β_2 和 β_3 均为 0，模型中省略市场分割（msi）与异地子公司比例（crosubrat）的交乘项及异地子公司比例（crosubrat）。而对假设 H4.2 进行检验时，则使用完整模型进行回归，其中，因变量为竞争地位（comp）和公司成长性（growth），自变量中以市场分割（msi）和异地子公司比例（crosubrat）的交乘项检验异地子公司比例的调节作用，其中异地子公司比例（crosubrat）以异地子公司数量除以公司子公司总数的比值衡量。

控制变量（control）方面，由于本章研究内容涉及子公司分布差异，我们控制了子公司数量情况，具体计算方法以子公司总数加 1 取对数（lnsub）衡量，其余控制变量包括公司特征、公司治理变量，以及宏观环境情况。公司特征选取公司资产（size）、负债（lev）、盈利能力（roa）和现金持有水平（cash），企业规模为总资产的自然对数，负债为总负债比总资产，盈利能力为利润总额与总资产的比值，现金持有水平为现金及现金等价物持有数／（总资产−现金及现金等价物）。子公司分布可能受到公司治理的影响，参考曹春方（2013）等以第一大股东持股比例（top1）和大股东占款（occpy）控制公司治理情况。宏观环境方面，子公司的设立与当地的发展机会有较大关系，我们以全面反映宏观经济情况的 GDP 情况予以衡量，计算以 GDP 总量的对数表示，同时子公司设立也会受到当地法律环境的影响，我们从《中国市场化指数》（王小鲁 等，2016）中选取法律环境指数（law）控制地区法律环境。所有控制变量均滞后一期处理。由于模型涉及异地子公司分布，我们在控制变量的宏观环境方面还加入了地区市场规模（rms），参考黄玖立和李坤望（2006），$rms_{i,t} = \sum_{j \neq i}[GDP_{jt}/D_{ij} + GDP_{it}/D_{ii}]$，其中 GDP_{jt} 为 t 时期 j 省区的地区生产总值；D_{ij} 为 i、j 两省区省会城市间的距离；GDP_{it} 为 t 时期 i 省区的地区生产总值；

D_{ii} 为 i 省区内部距离。我们还考虑年度和行业差异,控制年度虚拟变量 year 和行业虚拟变量 ind。

4.4.2.2 假设 H4.3 的检验模型构建

我们构建模型(4-3)对假设 H4.3 进行检验:

$$\text{helping}_{i,\,t} = \beta_0 + \beta_1\,\text{msi}_{i,\,t-1} + \beta_2\,\text{msi}_{i,\,t-1} \times \text{crosubrat}_{i,\,t-1} + \beta_3\,\text{crosubrat}_{i,\,t-1} + \beta_4 \sum \text{control}_{i,\,t-1} + \varepsilon \qquad (4\text{-}3)$$

其中因变量 helping 表示地方政府对地方国企提供的支持。要素资源支持方面,我们重点考察信贷支持,参考方军雄(2007),以长期贷款比例(longrat)衡量企业获得的信贷支持,即"长期借款比总资产"。政府保护支持方面,由于政府提供的政策性保护难以直接测量,但是政府保护会使企业面临的竞争更小,从而降低企业的销售费用,因此我们以销售费用率(cts)即"销售费用与销售收入的比值"来衡量地方国企的政策性保护优势。其余控制变量同模型(4-1),并滞后一期处理。

4.4.3 描述性统计

主要变量的描述性统计如表 4-1 所示。Panel A 为地方国企样本中主要变量均值、中值及标准差的描述性统计结果。从各变量的标准差看,变量的波动幅度都不是很大。Panel B 将地方国企样本分组,以企业所在地区的市场分割强度为标准,我们将市场分割以中位数为界分为强、弱两组,并进一步比较地方国企市场竞争地位(comp、growth)的均值和中位数在两组中存在的差异。如表 Panel B 中所示,除 comp 的中值以外,位于市场分割程度较强地区(msi > median)的地方国企市场竞争地位(comp、growth)的均值和中值均高于市场分割程度较弱地区(msi ≤ median)的国企,且在 10% 和 5% 的水平上存在显著差异。这一定程度上说明市场分割程度越高的地区,企业市场竞争地位越强,符合我们的假设。

表 4-1 描述性统计结果

Panel A 描述性统计						
N	Mean	25%	50%	75%	SD	
comp	1 607	0.020	−0.134	−0.011	0.115	0.538
growth	1 607	0.121	−0.022	0.121	0.289	0.474
msi	1 607	−0.008	−0.507	−0.180	0.138	1.009
crosubrat	1 607	0.297	0.000	0.250	0.500	0.294
size	1 607	21.830	21.056	21.708	22.433	1.163
lev	1 607	0.534	0.388	0.541	0.666	0.211
roa	1 607	0.029	0.008	0.027	0.057	0.068
cash	1 607	0.157	0.083	0.130	0.202	0.111
lnsub	1 607	2.499	2.079	2.485	2.996	0.772
top1	1 607	0.375	0.260	0.366	0.482	0.150
occpy	1 607	0.018	0.004	0.009	0.019	0.034
law	1 607	5.977	4.750	5.940	6.950	1.718
gdp	1 607	12.632	11.300	12.700	14.200	2.143
rms	1 607	0.075	0.032	0.061	0.107	0.054

Panel B 市场分割差异分组						
	Mean			Median		
	msi> median	msi≤ median	diff.	msi> median	msi≤ median	diff.
comp	0.039	−0.022	0.062**	−0.011	−0.008	−0.003
growth	0.215	0.152	0.064***	0.150	0.089	0.061***

注：***、**、* 分别代表在 1%、5% 和 10% 的水平上显著。

4.5 实证结果与分析

4.5.1 市场分割与企业市场竞争地位

4.5.1.1 对假设 H4.1 和假设 H4.2 的回归检验

假设 H4.1 和假设 H4.2 的回归结果如表 4-2 所示。第（1）、（2）栏为假设 H4.1 的检验结果，解释变量市场分割（msi）系数在 5% 和 10% 的水平上显著为正，说明随着市场分割加剧，国企市场竞争地位获得了显著的提升，支持了假设 H4.1。第（3）、（4）栏为假设 H4.2 的检验结果，在假设 H4.1 得到验证的基础上考察市场分割与异地子公司比例的交乘项（msi * crosubrat）的调节作用。结果显示，市场分割（msi）的系数均在 1% 的水平上显著为正，而市场分割与异地子公司比例的交乘项（msi * crosubrat）系数均在 1% 水平上显著为负，表明随着地方国企异地子公司分布的增多，企业在本地的竞争地位会降低，即市场分割与竞争地位间的正向关系将被削弱，支持了假设 H4.2。

控制变量方面，现金持有水平（cash）系数均在 1% 的水平上显著为正，表明企业盈利能力越强，企业市场竞争地位越高。其余变量均未表现出稳定的显著性。

表 4-2 市场分割对企业市场竞争地位回归结果

VARIABLES	comp	growth	comp	growth
	（1）	（2）	（3）	（4）
msi	0.034**	0.043***	0.076***	0.082***
	(2.26)	(3.18)	(4.29)	(3.32)
msi * crosubrat			−0.174***	−0.165***

表4-2(续)

VARIABLES	comp	growth	comp	growth
	(1)	(2)	(3)	(4)
			(−3.85)	(−4.48)
crosubrat			0.119***	0.026
			(2.79)	(0.54)
size	0.001	−0.057***	−0.003	−0.058**
	(0.08)	(−4.45)	(−0.08)	(−2.25)
lev	−0.082	0.380***	−0.076	0.375***
	(−1.10)	(5.54)	(−0.22)	(3.61)
roa	−0.745***	0.391*	−0.754	0.362
	(−3.34)	(1.93)	(−0.87)	(0.63)
cash	0.447***	0.441***	0.479**	0.452***
	(3.48)	(3.80)	(2.23)	(3.31)
lnsub	−0.004	0.021	−0.002	0.022
	(−0.22)	(1.22)	(−0.06)	(1.05)
top1	0.172*	0.159**	0.203*	0.175***
	(1.94)	(1.98)	(1.95)	(2.79)
occpy	5.782***	−0.219	5.735	−0.220
	(14.03)	(−0.52)	(1.57)	(−0.43)
law	−0.014	−0.013	−0.014	−0.013
	(−1.30)	(−1.32)	(−1.37)	(−1.40)
gdp	0.002	−0.004	0.002	−0.005
	(0.23)	(−0.65)	(0.25)	(−0.54)
rms	0.592*	0.301	0.640**	0.322
	(1.79)	(1.01)	(1.99)	(0.95)
Constant	−0.553	0.992***	−0.503	1.018**
	(−1.58)	(3.12)	(−0.48)	(2.09)
Ind / Year	Y	Y	Y	Y

表4-2(续)

VARIABLES	comp	growth	comp	growth
	(1)	(2)	(3)	(4)
Observations	1,607	1,607	1,607	1,607
R-squared	0.146	0.099	0.156	0.106

注：括号内为 t 值，并经过个体和时间的双重 cluster 调整，***、**、* 分别代表在1%、5%和10%的水平上显著。

4.5.1.2 稳健性检验

1. 互为因果内生性

以上结论可能受到互为因果关系影响，竞争地位可能影响了市场分割。但市场分割的一个重要作用是实施地方保护，从资源和市场上保护本地企业免受外来冲击。而本地企业越弱势，相对越需要市场分割的保护。这与预算软约束理论的逻辑是一致的，林毅夫和李志赟（2004）认为国企弱势，如亏损时更可能获得政府优惠政策，潘红波等（2008）也发现地方政府对亏损国企有更强的支持效应。因此，地方国企市场竞争地位越弱，政府实施地方保护的动机越强，那么地方国企市场竞争地位与市场分割之间应为负向关系，而本章结论二者为正向关系，这说明逻辑上互为因果内生性并不成立。

2. 测量误差和遗漏变量内生性

市场分割测量以相对价格指数法计算，直接衡量两地间价格相对差异度，可能会存在测量误差及遗漏变量问题，我们参考现有文献以残差方式提取更干净的市场分割指数以缓解这些问题（刘凤委 等，2009；曹春方等，2015b）。市场分割的成因除地方政府因财政或晋升激励实施的地方保护之外，还包括区域间因交通、通信等自然地理或技术因素造成的阻碍。增加交通运输、信息通信、城市公用事业等基础设施建设的资金投入，提高市场交易效率，也有助于降低自然性市场分割和技术性市场分割程度（范欣 等，2017）。鉴于市场分割中基础设施因素的影响与政府实现税收和经济增长的动机有所区别，我们以基础设施对市场分割进行回归，以回归的残差来重新带入回归。

我们试图检验排除基础设施影响因素后，市场分割对国企市场竞争地位的正向影响是否依然存在。参考现有文献做法（刘凤委 等，2009；曹春方 等，2015b），首先，以市场分割对基础设施投资进行回归，求出残差（msi_ resi），然后再将残差作为解释变量考察模型残差对国企市场竞争地位的影响。其中交通、通信、城市公用事业等基础设施计算方法参考范欣等（2017），采用永续盘存法测算分地区的基础设施资本存量（infra）。延用第 3 章表 3-4 的市场分割与基础设施回归结果中的残差（msi_ resi）替代市场分割（msi）变量，作为解释变量代入模型（4-1）进行回归的具体结果见表 4-3 第（1）、（2）列，残差（msi_ resi）前系数仍在 1% 和 5% 水平上显著为正，且市场分割与异地子公司比例交乘项（msi_ resi * cro-subrat）系数在 1% 和 5% 的水平上显著为负，基本结果与表 4-2 一致，仍然符合预期。

3. 非国企样本的对照检验

按照本章理论分析，市场分割对国企的"支持之手"使地方国企的竞争地位更高，而这种"支持之手"由于"父爱主义"和"政治庇护"更多存在于国企，而不是非国企。我们进一步以非国企样本对此进行对照检验。结果如表 4-3 的（3）、（4）两列所示，市场分割对非国企市场竞争地位的影响不显著，且第（4）列市场分割对市场竞争地位（growth）的影响中符号为负。这说明市场分割对企业市场竞争地位的提升仅局限在国企中，并且由于资源和市场更多被政府所控制，非国企在市场竞争方面存在被挤出效应。反向证明了我们的理论分析逻辑。

4. 关键变量的替代测量

关键变量的替代方面，我们分别对被解释变量"竞争地位"和解释变量"市场分割"进行替代测量。

首先，被解释变量"产品市场竞争地位"的替代测量参考韩忠雪和周婷婷（2011），以"垄断租金（PMC）"衡量。具体公式为垄断租金（PMC）=（税前利润+当年折旧额+财务费用−资本总额×加权平均资本成本）/销售总额。其中，资本总额=权益资本+短期债务+长期债务，加权平均资本成本=（权益资本/资本总额）×权益资本成本+（短期债务/资本总额）×短期债务成本+（长期债务/资本总额）×长期债务成本。权益资本成本采用CAPM模型估计，权益资本成本=无风险收益+系统风险Beta值×市场组合的风险溢价，无风险收益和系统风险数据均取自RESET金融数据库。

由于"垄断租金（PMC）"测量方式中无风险收益、系统风险Beta值等变量中存在缺失，样本值由1 607变为1 586。具体结果见表4-3第（5）列，以PMC替代衡量的国企竞争地位随市场分割程度的加剧而提高，msi（0.005**）系数在5%的水平上显著为正，而交乘项（msi * crosubrat）系数（−0.015***）在1%的水平上显著为负，即随着地方国企异地子公司分布的增多，市场分割与地方国企竞争地位间的正向关系将被削弱。再次支持假设H4.1和假设H4.2的论述。

表4-3　稳健性检验回归结果

VARIABLES	残差测量市场分割		非国企对照检验		竞争地位变量替代性测量
	comp	growth	comp	growth	PMC
	（1）	（2）	（3）	（4）	（5）
msi_ resi	0.065***	0.072**			
	(3.09)	(2.23)			
msi_ resi * crosubrat	−0.121***	−0.114**			
	(−3.09)	(−2.36)			
msi			0.004	−0.177	0.005**

表4-3（续）

VARIABLES	残差测量市场分割		非国企对照检验		竞争地位变量替代性测量
	comp	growth	comp	growth	PMC
	（1）	（2）	（3）	（4）	（5）
			（1. 14）	（−1. 00）	（2. 13）
msi * crosubrat					−0. 015***
					（−2. 80）
crosubrat	0. 125**	0. 031			0. 001
	（2. 24）	（0. 54）			（0. 06）
size	−0. 003	−0. 057**	−0. 032**	−0. 156	−0. 001
	（−0. 06）	（−2. 21）	（−2. 23）	（−1. 29）	（−0. 29）
lev	−0. 075	0. 376***	0. 024	0. 725	0. 108***
	（−0. 22）	（3. 59）	（0. 36）	（0. 83）	（2. 70）
roa	−0. 740	0. 377	0. 181	−4. 018	0. 462***
	（−0. 86）	（0. 66）	（0. 71）	（−1. 17）	（4. 27）
cash	0. 483**	0. 456***	0. 142***	1. 687	0. 172***
	（2. 23）	（3. 29）	（3. 96）	（1. 11）	（3. 02）
lnsub	−0. 002	0. 022	0. 049***	0. 140*	0. 012**
	（−0. 06）	（1. 05）	（5. 66）	（1. 83）	（2. 45）
top1	0. 198*	0. 170***	0. 150**	0. 850**	0. 078***
	（1. 91）	（2. 77）	（2. 10）	（2. 08）	（2. 75）
occpy	5. 760	−0. 203	−0. 246	37. 205	−0. 347*
	（1. 57）	（−0. 40）	（−0. 39）	（1. 05）	（−1. 94）
law	−0. 013	−0. 012	−0. 007	0. 056	−0. 007***
	（−1. 32）	（−1. 33）	（−1. 17）	（0. 86）	（−2. 75）
gdp	0. 001	−0. 005	0. 002	0. 129	−0. 004
	（0. 17）	（−0. 59）	（0. 26）	（1. 21）	（−0. 88）
rms	0. 504*	0. 147	0. 200**	6. 690	0. 221***

表4-3(续)

VARIABLES	残差测量市场分割		非国企对照检验		竞争地位变量替代性测量
	comp	growth	comp	growth	PMC
	（1）	（2）	（3）	（4）	（5）
	（1.66）	（0.41）	（2.13）	（1.01）	（2.69）
Constant	-0.501	1.027**	0.487**	-0.947	-0.039
	（-0.47）	（2.04）	（2.07）	（-0.24）	（-0.36）
Ind / Year	Y	Y	Y	Y	Y
Observations	1，607	1，607	2，335	2，335	1，586
R-squared	0.154	0.103	0.028	0.041	0.160

注：括号内为 t 值，并经过个体和时间的双重 cluster 调整，***、**、* 分别代表在1%、5%和10%的水平上显著。

4.5.2 市场分割的支持效应

市场分割支持效应的具体路径回归结果见表4-4。

表4-4 市场分割支持效应具体路径回归结果

VARIABLES	（1）	（2）
	longrat	cts
msi	0.010***	-0.003***
	（5.38）	（-3.07）
msi * crosubrat	-0.015*	0.014***
	（-1.66）	（3.42）
crosubrat	0.005	-0.006
	（0.53）	（-0.77）
size	-0.010***	-0.000
	（-3.40）	（-0.22）
lev	0.091***	-0.027**

表4-4(续)

VARIABLES	(1)	(2)
	longrat	cts
	(4.73)	(−2.14)
roa	0.083*	0.027
	(1.71)	(0.75)
cash	−0.076***	0.027
	(−2.62)	(1.45)
lnsub	0.011**	0.005
	(2.26)	(1.57)
top1	−0.002	−0.049***
	(−0.09)	(−3.04)
occpy	−0.343**	0.186*
	(−2.13)	(1.67)
law	−0.006***	0.000
	(−2.88)	(0.13)
gdp	−0.000	−0.000
	(−0.26)	(−0.30)
rms	−0.050	−0.131**
	(−0.75)	(−2.08)
Constant	0.202***	0.054
	(3.92)	(1.56)
Ind / Year	Y	Y
Observations	1,607	1,607
R-squared	0.302	0.410

注：括号内为 t 值，并经过个体和时间的双重 cluster 调整，***、**、* 分别代表在1%、5%和10%的水平上显著。

假设 H4.3a 回归结果见表4-4第（1）列，信贷资源支持即长期贷款比例（longrat）对市场分割（msi）进行回归时系数在1%的水平上显著为正，即国企长期贷款随市场分割加剧而增加；而市场分割与异地子公司比例的交乘项（msi * crosubrat）在10%的水平上显著为负，说明随异地子公司增加，本地国企长期贷款会逐渐减少，即异地子公司比例上升削弱了市场分割与长期贷款之间的正向关系，从要素资源支持而言，支持了假设H4.3a。控制变量中，企业盈利能力越强，长期贷款越多，与已有文献预测结果一致。

假设H4.3b回归结果见表4-4第（2）列，以销售费用（cts）衡量的市场保护对市场分割（msi）进行回归的系数在1%的水平上显著为负，表明市场分割越严重，国企的销售费用越低；而这种效果随异地子公司比例的增加而减弱。可以看到市场分割与异地子公司比例交乘项（msi * crosubrat）在1%的水平上显著为正，表明国企在销售费用上具备的优势会随异地子公司比例的增加而被削弱，支持了假设H4.3b。综合表4-4的结果，我们发现无论是要素资源还是市场保护方面，市场分割的加剧都给地方国企带来更多资源和更低的成本，且这些优势效应均随异地子公司占比增加而减弱，从路径上支持了政府的"支持之手"。

4.6　本章小结

本章以2007—2013年地方国有企业样本检验了市场分割对国企市场竞争地位的影响及作用机制。相关结论有：①市场分割提升了地方国企市场竞争地位，并且这种提升作用随其异地子公司比例的增加而减弱。该结论在考虑了多种稳健性之后仍然成立，但并不存在于民企中。②这种提升背后是市场分割的"支持之手"的作用，市场分割下国企获得了更多的长期贷款，也支付了更低的销售费用，并且这些支持作用随其异地子公司比例的增加而减弱。

本章从市场分割对地方国企的"支持之手"作用提供了市场分割长期存在的微观解释，也为第 3 章发现市场分割推动了企业规模型扩张提供了经济后果，牺牲专业化分工而选择在纵向和横向维度上的一体化和多元化发展战略，确实提高了地方国有企业的市场力量。但整体来说，市场分割对国企的支持是以区域性的资源配置扭曲实现的，在形式越来越复杂、分工越来越细化的现代经济中，由政府推动的规模扩张和产品市场竞争地位提升必然不利于全国经济的长期发展。且市场分割的资源配置扭曲将抑制民营企业在市场上的资源获取和发展，对国企可能也是得不偿失的。市场分割之下，非公平的竞争中并没有实质性的"赢家"。党的第十八届三中全会指出要"保护各种所有制经济产权和合法利益，保证各种所有制经济依法平等使用生产要素、公开公平公正参与市场竞争……"。在此目标下，要实现各种所有制经济公平发展，为经济增长提供公平的竞争环境，打破政府主导的市场分割将是有效路径。

5 市场分割下的企业创新研究：资源优势 VS 资源诅咒

5.1 引言

　　市场分割下地方国有企业的一体化经营策略模式实现了企业规模的扩张，为其赢得了占优的市场竞争地位，这不仅拓展了企业边界影响因素和市场竞争的相关研究，也从微观视角提供了市场分割长期存在的基础。那么我们是否可以认为市场分割在微观层面促进了地方国企长期发展？如何回答这一问题至关重要，如果微观企业层面地方国有企业在市场分割下的优势是长期存在的，那么设计抑制地方市场分割的制度将破坏地方国企的长期发展，意味着可能付出极高的成本。基于此，我们以企业创新能力为出发点，继续探讨市场分割下地方国有企业的长期发展能力。

　　技术创新是企业保持竞争力，获取长期发展的必要条件，创新能力可以为企业带来巨大的利润（冯根福和温军，2008），然而创新活动风险高且不确定性较强，又具有较长的投资周期，因此熊彼特假说认为大企业更具有承担创新份额的能力，因为大企业更能承担研发和创新活动过程中所需的高成本。地方国有企业在市场分割下是地方政府优待的对象，资源尤其是信贷资源对地方国企而言更易获取（Hu，2001），无论是企业规模还是限制创新能力发展的融资约束问题（Beck et al.，2005），对国有企业形成的障碍都微乎其微。

尽管在规模和资金投入方面，地方国有企业具备充足的应对能力，但地方国企并不一定具备对创新的积极需求。一方面，市场分割下国有企业通过要素市场和产品市场上的占优资源和政策优待获取更高的产品市场竞争地位，在地方保护下面临更弱的市场竞争，但也因此更易缺乏创新的动力（Arrow，1962；吴延兵，2007）。另一方面，创新活动需要企业有长远的战略发展目标，才能确保持续进行研发投入，承担未来极大的不确定性，而地方政府对经济发展短期收益的追求，使得国有企业无法着眼于长远利益。由此可见市场分割下的地方国有企业在从事创新活动的能力和动力方面存在相悖的逻辑线，也为我们的研究提供了动机。市场分割使地方国有企业热衷于纵向一体化和横向多元化规模型扩张的同时，是否也在创新产出方面占据主导地位，兼顾其创新型增长？市场分割对地方国企创新产出的影响在不同竞争环境和不同的行业中存在怎样的差异？

为了对以上问题进行深入探讨，本章选取企业专利数量衡量创新产出，实证检验市场分割与地方国有企业创新产出的关系。为同时考察市场分割存在的地区化差异，我们延续上一章的做法，以异地子公司作为调节变量，探讨其对市场分割与创新产出关系的地区差异化影响，以期对地方政府在国有企业创新活动中的态度和角色进行更清晰的定位和认知。进一步地，由于创新活动对市场竞争激烈程度和行业技术发展程度存在差异化反应，我们同时观察市场分割对地方国有企业创新产出的影响在市场竞争程度激烈和市场竞争程度较弱的地区，以及在高新技术行业和非高新行业中表现出怎样的差异。我们发现市场分割与地方国有企业专利产出之间存在显著的负向关系，而这种对专利的抑制作用随企业异地子公司的增加而有所减弱。进一步区分市场竞争程度和行业异质性后发现市场竞争程度越低，市场分割与企业专利数量的负向关系越明显，且这种关系在非高新技术行业中更明显，同时异地子公司的增加会削弱这种负向关系。

相较于已有文献，本章内容的探讨存在以下创新之处：

第一，拓展和补充了政府干预对企业创新活动影响因素的文献，政府的研发资助、对企业创新活动的补贴以及一系列支持创新的政策措施既可能通过降低企业的研发成本和风险，增加企业创新投入的信心，促进企业技术创新水平（Scott，1984；Czarnitzki and Hussinger，2004；解维敏 等，2009；白俊红，2011；中国企业家调查系统，2015），也可能因政府和企业对研发项目的判断差异（冯宗宪 等，2011）、政府对研发资源配置的扭曲（肖文和林高榜，2014）、挤出企业研发投资（白俊红 等，2009）等原因削弱企业创新水平。本章从市场分割的视角为政府在企业创新活动中的角色提供证据，市场分割更广泛地体现了政府对政治和经济利益的追求动机，拓展了政府干预影响企业创新活动的文献，补充了对企业自主创新动力不足的制度层面影响因素的认知。

第二，为"资源诅咒"理论提供了新证据。地区丰富的资源禀赋可能会对区域经济增长产生抑制作用，并导致收入不平等、教育投资不足、寻租腐败等社会问题（Mehlum et al.，2006；Papyrakis and Gerlagh，2004）。部分研究从宏观层面探讨中国的"资源诅咒"问题（胡援成和肖德勇；2007；刘红梅 等，2009），袁建国等（2015）则从微观层面的政治联系角度验证了民企的"资源诅咒"问题。本章内容验证了市场分割这一具体政府行为的"资源诅咒"效应，发现市场分割虽然对国企存在资源和市场保护的"支持之手"，但也抑制了国企的创新，长期来看可能是得不偿失的。这一结论既拓展和丰富了"资源诅咒"理论的相关研究，也从长期视角补充了市场分割微观层面的经济后果，与我们发现竞争地位的提升这一短期视角的结论形成对比，更全面地拓展了市场分割的理论定位。

第三，为国家相关政策的提出提供了实证依据。2015 年印发的《中共中央、国务院关于深化体制机制改革加快实施创新驱动发展战略的若干意见》中指出创新是推动一个国家和民族向前发展的重要力量，要打破制约创新的行业垄断和市场分割，营造激励创新的公平竞争环境。这同时也是企业家在逐渐意识到创新重要性时对政府的期待。本章验证了市场分割对地方国有企业创新活动的抑制效应，既为中央政策的提出提供了实证依据，也为中国企业家迫切期待政府进一步创造良好的创新环境、维护公平竞争（中国企业家调查系统，2015）的诉求提供了实证依据。

5.2　文献回顾：创新活动相关影响因素

5.2.1　企业融资能力与技术创新研究

企业的创新活动具有较高的不确定性，而创新过程中的核心知识作为企业商业秘密必须进行保密，导致企业与外部投资者之间存在信息不对称，从而增加了企业创新的外部融资成本（Hall and Bagchi-Sen，2002）。创新活动商业化时间较长，融资能力是保证创新活动可以长期持续维持的必要条件，存在融资约束的企业创新能力不可避免地要受到负面影响（张杰 等，2012）。

Beck et al.（2005）的经验研究指出，企业面临的融资约束对于其技术创新存在负面影响，而且这种影响在中小企业中表现得更为突出。Canepa 和 Stoneman（2007）运用英国企业面板数据所作的研究显示，融资约束对企业创新产生了负面影响，这一效应在高科技部门和小型企业身上表现得尤为突出。根据 Hall 和 Lerner（2010）的综述性文章可知，以 OECD 国家为样本的研究基本上支持了融资约束的存在会阻碍微观层面企业的研发投入。Amore et al.（2013）以美国企业的创新活动为研究对象，通过证明州内银行放松管制可以显著增加企业创新产出的数量和质量，来说明信贷供给对创新业绩的关键性作用。国内研究中，张杰等（2012）利用中国工业企业的大样本数据进行实证研究发现融资约束对企业研发投入有负面的影响；陈海强等（2015）在针对企业技术效率的研究中以中国制造业 2004—2009 年面板数据为主要研究对象，发现融资约束对企业技术效率的提升有显著抑制作用。鞠晓生等（2013）提出创新活动面临外部融资约束的问题，可以通过企业营运资本管理得到缓解，但这种海绵里挤水的方式发挥的作用毕竟有限，当企业受到的财务冲击超越营运资本的缓冲能力时，融资约束依旧会制约创新投入。企业融资约束问题得到缓解，无论对企业研发投入还是技术效率提升都有促进作用（Brown et al., 2009, 2012；Ayyagari et al., 2011；周方召 等，2014；Moshirian et al., 2015）。

鉴于资金对创新活动的重要性作用，部分文献分析了不同的资金来源对企业创新活动的影响。首先，企业内部资金方面，Himmelberge 和 Petersen（1994）发现在大多数发达国家，内部现金流是研发支出的主要资金来源，是决定研发支出决策的重要因素。Brown et al.（2009）以美国高新技术行业企业的数据研究指出，大企业研发支出主要依靠企业内部资金，缺乏内部资金的中小科技企业则需要通过发达的股票市场进行研发融资。其次，外部融资也是企业研发活动的重要资金来源，20 世纪 90 年代美国出现的创新高潮主要就是由股票市场推动的。发达的金融市场能降低企业的融资约束，缓解企业的财务冲击，保证企业投资的连续性。Ayyagari et al.（2011）以 47 个发展中国家的企业创新活动为研究对象，并且使用专利、资本投资、特许权受让等多种技术创新的衡量方式研究发现，外部融资特别是银行的信贷融资会显著促进企业技术创新活动的开展。解维敏和方红星（2011）发现地区金融发展有助于企业研发活动的发展。周方召等（2014）通过对 2007—2010 年中国 A 股上市公司的实证研究考察了外部融资、规模与上市公司技术创新间的关系，发现更为便利的外部融资对上市公司技术创新活动有显著积极影响，区分企业规模后，发现金融发展和外部融资对较小规模公司技术创新的积极影响更为明显。Acharya 和 Xu（2017）发现企业是否上市在融资来源对创新的影响方面也存在差异，在以外部融资为主的行业中，上市企业比非上市企业进行更多的研发投入，其创新的基本指标也更好；而在以内部融资为主的行业中，上市企业的优势并不显著。

5.2.2 企业所有制类型与技术创新研究

企业自身融资能力固然对技术创新至关重要，但就所有制类型而言，国有企业和非国有企业因产权关系和经营环境的差异而具有不一样的创新激励和效率。

姚洋等（1998）认为改革开放以来我国非国有经济成分的发展通过改变国有企业运行机制、加剧市场竞争、带入先进生产管理技术等方式提高了我国工业的整体技术水平和技术效率。Jefferson et al.（2003）以中国大中型制造业企业数据研究了研发支出、新产品和销售收入的决定因素，并指出外资企业等比国有企业有更高的研发强度；周黎安和罗凯（2005）在分析所有制结构对企业规模与创新间关系的影响时发现，国有企业由于需承担政策型负担、完成地方政府追求规模化的任务而存在创新激励低下的现象，企业规模与创新之间的正向关系主要体现在非国有企业中，在国有企业中则不存在。安同良和施浩（2006）基于对江苏省制造业企业的问卷调查数据考察行业、企业规模和所有制对企业研发行为的影响，认为国有和集体所有制企业存在所有制安排方面的动力缺陷，导致它们的研发动力弱于其他企业。Hu 和 Jefferson（2008）以中国 1995—2001 年大中型工业企业为样本，实证检验发现非国有企业比国有企业有更高的专利申请倾向。冯根福和温军（2008）利用中国 2005—2007 年 343 家上市公司相关数据对公司治理与技术创新的关系进行了实证分析，在分析国有持股比例对企业创新的影响时，指出国有股东由于经营目标多元化、产权主体虚置、多层委托代理关系等公司治理问题，无法应对技术创新的专业性、复杂性以及非程序性等问题，易形成严重的内部人控制现象，不利于企业的技术创新。李春涛和宋敏（2010）从 CEO 激励的角度分析不同所有制下 CEO 激励对企业创新活动的作用，他们认为国有企业实际控制人多为官员企业家，相比投资于高风险且投资期限过长的研发项目，这些官员企业家更关注自身政治目标和经济利益，因此在相同的激励机制下，国有产权弱化了 CEO 薪酬激励对创新的促进作用。

吴延兵（2012）利用 1998—2003 年中国省级工业行业数据，从创新投入、创新效率和生产效率三个角度更全面地对国有企业、民营企业和外资企业三类所有制企业的技术创新表现进行分析，并构建联立方程分析框架讨论企业所有制与创新的关系，发现相较于民营企业和外资企业，国有企业在创新投入、创新效率和生产效率上均缺乏竞争力，国有企业的产权性质决定了其行为具有短期化特征，从而缺乏动力致力于企业长期发展的创新活动中。董晓庆等（2014）运用基于数据包络分析的 Malmquist 指数方法对五大类高新技术行业 2000—2011 年国有企业与民营企业技术创新数据进行对比分析，发现除国有企业占比大的航空航天器制造业外，其余四个行业的国有企业创新效率都明显低于民营企业，他们分析认为国有企业创新效率损失的主要原因是国有企业从事非生产性的寻租活动（如游说政府以获取政策支持和垄断经营权）以获取企业利润，比从事生产性的创新活动获取利润要更为容易。中国企业家调查系统（2015）在 2014 年实施的"关于新常态下中国企业创新现状、环境及面临问题"的问卷调查显示，外资企业和民营企业的创新基本指标优于国有及国有控股企业，且在研发投入金额上，国有及国有控股企业的投入增加的比重也是最低的。

相比非国有企业，国有企业的创新能力更弱，这一观点基本得到众多学者的支持，原因大概有两点。一方面，国有企业需承担更多的政策型负担，加之地方保护下其面临的竞争压力更小，通过政府支持获取利润比从事创新活动获取利润来得更容易，因此其从事以降低成本和改善质量为目的的创新投资的激励效应也随之降低，削弱了自身的创新动力；另一方面，国有企业的经营结构复杂及委托代理关系等公司治理问题，削弱了国有企业从事创新活动的能力。但也有文献认为国有企业更具有创新能力，或者在某些行业中国有企业也存在技术创新的优势，李长青等（2014）通过对技术创新投入、产出和效率指标以及基于 DEA 的 Maluquist 生产率分解指标进行分析，对我国不同所有制企业的技术创新能力进行分行业测度后发现国有企业在垄断竞争行业的研发投入和产出相对较多，但在竞争性行业中，其研发的投入、产出以及创新效率都低于或远低于其他所有制类型的企业。吕新军（2014）基于代理冲突负面影响企业创新投入的特点对企业技术创新效率进行测算，发现代理冲突使上市公司技术创新效率低于最优水平，但相比非国有控股公司，国有控股公司治理结构的改善会显著提升企业创新效率。

5.2.3 制度背景与企业技术创新研究

随着中国政府对企业自主创新能力的大力提倡，政府对科技创新的支持与投入也大幅提高，关于政府对企业创新活动干预的后果有大量研究成果，支持政府研发资助的文献发现政府研发资助可以降低企业的研发成本和风险，从而促进企业研发创新活动的支出（Scott，1984；Klette et al.，1999；Czarnitzki and Hussinger，2004；解维敏 等，2009）。白俊红（2011）采用 1997—2008 年中国大中型工业企业分行业数据考察了中国政府研发资助企业技术创新的效果，并从企业研发支出、专利产出及新产品销售收入三个维度衡量企业技术创新水平，结论表明中国政府的研发资助是显著地促进了企业技术创新水平的。Arqué-Castells（2013）对 1998—2009 年西班牙制造业企业的数据研究发现研发补贴有助于促进企业研发活动，尤其是小企业。陆国庆等（2014）研究了战略性新兴产业的政府创新补贴的效果，实证研究发现政府战略性新兴创新补贴对企业产出的绩效是显著可信的，但是政府创新补贴对单个企业本身产出绩效作用并不大。中国企业家调查系统（2015）对中国企业经营者群体关于新常态下企业创新情况进行随机抽样的问卷调查显示，政府支持创新的政策措施会增加企业创新投入的信心及对人才的投资，但企业追求产能或效率的创新投入不受政府创新政策措施的影响。

而否定政府研发资助效果的文献认为政府对创新活动的资助将在一定程度上挤出企业研发投资，进而降低行业整体的研发投入水平（Lichtenberg，1984；Wallsten，2000；Gorg and Strobl，2007）。谢伟等（2008）以我国各省高新技术产业为研究对象，分别测算了产业研发效率、技术效率和规模效率，探讨我国高新技术产业的发展，发现研发投入强度、政府政策导向与研发效率均呈负相关关系，认为人力资本、组织管理和金融市场等因素制约了支持研发活动的有效平台的建立，也导致投资没有很好地引导研发和技术创新活动。白俊红等（2009）考察区域创新系统内部各主体及主体之间的联结对区域创新效率的影响，发现作为创新支持变量的政府资助和金融支持，以及作为创新直接主体的企业、高校和科研机构及它们之间的联结关系都对创新效率产生显著的负面影响，他们认为政府资助的负面影响除了政府对企业研发的挤出外，还有一个表现，即政府介入后增加了企业的研发资源需求，尤其是研发人员，增加了研发成本，企业因此而主动选择其他盈利项目，放弃研发投资。冯宗宪等（2011）估计了中国30个省（区、市）大中型工业企业技术创新活动的技术与规模效率，发现政府投入对创新活动技术效率和规模效率的负向影响，他们分析的原因有三个，首先政府部门对技术创新方向和资助项目的判断与企业相比存在滞后和片面性，其次企业在政府支持其创新活动的过程中存在向政府寻租获利的空间，最后政府越位干预损害了公平竞争的市场环境。肖文和林高榜（2014）采用随机前沿分析方法，测算了36个工业行业的技术创新效率，重点关注政府支持对企业技术创新效率的作用效果，即研发投入的高速增长能否带来技术水平的显著提升。结果表明由于政府和企业对技术存在不同偏好，政府在资金安排和资源配置上过度倾向于既定的创新活动，扭曲了市场对研发资源的有效配置，从而导致政府的直接和间接支持并不利于技术创新效率的提升。

除政府支持对企业创新活动的作用外，企业所处地区的投资者保护环境、行政环境、知识产权保护环境、政治环境等因素也是影响企业研发决策的关键。知识产权保护方面，Chen 和 Puttitanun（2005）以理论推导和 64 个发展中国家的实证检验证实了知识产权保护力度与创新活动间的正向关系，提高知识产权保护力度有利于激励当地企业进行高质量创新活动，从而引领更高效率的投资和更多的社会剩余。Fang et al.（2016）研究了中国国有企业私有化后的创新情况对知识产权保护环境的反映，发现国有企业私有化后创新能力增强，而且该效应在知识产权保护较高的城市尤为显著。表明知识产权保护有助于激励企业从事创新活动。王华（2016）利用国际层面数据实证检验了 27 个发达国家和 57 个发展中国家中知识产权保护对技术进步的影响机制，发现知识产权保护总体上有利于一国技术创新，为"最优知识产权假说"提供了跨国层面的经验证据。

国家专利法的制定也在创新激励中起着重要作用（Nordhaus，1969；Klemperer，1990；Gilbert and Shapiro，1990），Moser（2015）在以往文献多关注专利法在创新激励中作用的基础上，重点关注了专利法对技术变革方向的影响，研究对象分别为 1851 年的 12 个国家和 1876 年的 10 个国家的专利和创新在各行业的分布情况。发现在没有专利法的国家，创新者往往聚集在那些专利相对不重要的行业；而拥有专利法的国家中创新专利的分布则更加多元化。这表明专利会改变技术变革的方向，而原先没有专利法的国家若实施专利法则会改变国家与国家间原有的比较优势。

政治环境方面，Bhattacharya et al.（2017）利用 43 个国家的数据实证检验了国家政治状况与政治不确定性对一国技术创新的影响，衡量专利的指标包括专利数量、专利引用情况，他们发现一国现有政策并不会显著地影响国家专利，但是全国大选导致的政治不确定性会显著降低国家创新产出。Bhattacharya et al.（2017）讨论的是政治不确定性与创新间的关系，潘越等（2015）以2006—2012年间沪、深A股高新技术行业的上市公司为样本，检验了诉讼风险这一经济不确定性和司法地方保护主义对企业创新活动产生的影响，他们发现资金类诉讼风险对企业造成的诉讼损失会对研发和创新活动造成负面打击，而产品类诉讼则会激发企业对产品核心自主知识产权的关注和坚持，从而对研发活动产生正向激励作用，同时这些效用都会随司法地方保护主义的加重而被削弱。鲁桐和党印（2015）利用1996—2010年194个国家的数据从国家层面考察了投资者保护环境和行政环境对国家技术创新活动的影响，并发现这两种环境质量对国家创新的重要性，因为良好的投资者保护环境有利于降低投资者和企业从事研发项目的风险，而良好的行政环境则有利于降低企业技术创新的交易成本，因此其是解释国家间技术创新差异的重要制度因素。

5.2.4 小结

我国综合国力日益提升的同时，学者也对经济增长持久性产生了担忧。吴敬琏（2006）认为我们应从基于廉价劳动力、高储蓄率、高投资率的粗放型增长方式转向基于技术进步和资源充分利用的集约型长效增长方式，得到广泛认可。近年来我国大力提倡科技强国，制定落实鼓励企业创新政策，西方发达国家对创新影响因素的研究着重于企业规模、市场力量等企业和行业特征，但我国转轨经济发展过程中以创新为主的集约型经济增长方式的缺失也有我国特殊制度背景的影响因素存在。企业所有制类型的差异显著影响了其在创新活动方面的表现。关于国有企业和非国有企业的创新活动方面，国有企业的创新能力更弱，这一观点得到众多文献的支持。但在影响企业创新活动的外部政治和经济环境方面，目前尚未达成共识，学者观点会因研究视角、变量选取、样本选取等的差异而不同。政府对研发投资的资助、相关的政策支持在一定程度上起到了激励企业创新的作用，但政府和企业对研发项目上存在的判断差异（冯宗宪 等，2011）、政府对研发资源配置的扭曲（肖文和林高榜，2014）、挤出企业研发投资（白俊红 等，2009）等原因可能会削弱企业从事研发和创新项目的动力。

本章我们从市场分割的视角分析地方政府行为如何影响本地国有企业的自主创新能力，市场分割这一政府行为背后折射出地方政府对政治和经济任务目标的追求，有助于我们更全面地理解地方国有企业自主创新能力缺失在多大程度上受到地方政府的影响，也拓展了对地区间市场分割行为危害性的认知。

5.3 理论分析与假设提出

理论上市场分割对地方国企的支持效应可能有促进和抑制创新两种作用。一方面，市场分割的支持可能推动地方国企创新。首先，企业创新需要大量资源支持，如更多的银行贷款能有效地促进企业创新（Nanda and Nicholas，2014；Hsu et al.，2014）。市场分割下的资源分配，尤其是银行贷款资源的分配优势，为地方国企提供了更多可用于创新的资源，相比非国有企业，科研创新所需要的大部分资源被国有企业所拥有（Hu，2001）。其次，"熊彼特效应"认为企业创新研发投入需要以企业内源融资为主的大量资金来源，竞争会减少产业内企业的超额利润，因此垄断会促进企业创新（Schumpeter，1950）。而正如前文所证明的，市场分割的地方保护降低了区域内竞争，进而提升了企业的竞争地位。这使得市场分割能使地方国企形成类似于区域性的政府行政管制下的垄断，这也为地方国有企业提供了更多创新的可能。

但另一方面，市场分割的支持可能是"资源诅咒"，会抑制地方国企创新。"资源诅咒"理论认为地区丰富的资源禀赋可能会对区域经济增长产生负面效应及诸多社会问题（Mehlum et al., 2006; Papyrakis and Gerlagh, 2004），这在政治资源上同样有所体现（Brollo et al., 2013; 袁建国 等, 2015）。首先，市场化竞争可能是影响创新活动的最为根本性的因素（张杰 等, 2014），然而市场分割的地方保护降低了区域内竞争（平新乔, 2004），使地方经济在相当程度上避开外来企业与贸易竞争对手的压力，这使得企业通过创新逃离其他竞争企业、获得超额利润的内在动力降低，即"逃离竞争"（Dinopoulos and Syropoulos, 2007）的创新机制难以发挥作用。其次，市场分割下地方政府为地方国企提供支持的目的是获得短期地方收益，这使得地方国企在获得资源之后会进行更多符合地方政府短期收益的投资，如更多的过度投资（曹春方 等, 2015a）。而创新活动的投资持续时间长且风险更高，需要对技术型人才资本进行投入，既无法在短期内为地方政府提升 GDP，也不能更好地解决就业等，这使得市场分割给予地方国企的资源优势可能并不能用于创新，创新型活动的投入被挤出也必然降低企业的创新产出。

基于以上分析，我们提出两个竞争性假设：

假设 H5.1a：市场分割越严重，企业创新产出越高。

假设 H5.1b：市场分割越严重，企业创新产出越低。

5.4 研究设计

5.4.1 样本与数据

本章我们验证市场分割下地方国有企业创新水平的变化。样本上，基于前两章的做法，中国新会计准则在 2007 年开始实施，以 2007 年为起始年份，选取地方国有上市公司为初先样本，同样剔除中央国有企业样本，然后删除金融类、ST 类公司，删除专利申请总数小于 1 的公司（黎文靖和郑曼怩，2016）。

另外，为了更清楚地观察市场分割下地方政府行为对企业的影响区域性差异，我们仍然以异地子公司比例对假设 H5.1 的结果进行修正。如果 H5.1b 得证，市场分割的"资源诅咒"效应同样因为异地子公司的扩展而被削弱。同第 4 章做法，我们参考曹春方等（2015a）处理对企业发展有重要影响的子公司分布，因此选择母公司持股 50% 及以上的子公司计算子公司分布，而剔除了母公司持股比例小于 50% 以及持股信息不详的样本，然后将与母公司不属同一省份的子公司划分为异地子公司。子公司数据获取渠道因会计准则的修订自 2014 年起无法获取，因此本章的数据区间仍然为 2007—2013 年，最后保留 197 家地方国有上市公司，共 780 个有效观测值。

本章所用的数据包括上市公司专利申请数量、市场分割数据和母公司特征数据，以及后文进一步分析中使用的子公司数据，其中子公司数据通过 CSMAR 数据库和手动查找年报获得，专利申请数量及母公司特征数据来自 CSMAR 数据库；市场分割数据根据各省价格指数计算得出，数据来源于历年《中国统计年鉴》。

5.4.2 模型

我们构建模型（5-1）对假设 H5.1a 和假设 H5.1b 进行检验，模型中 i、t 表示母公司和年份。

$$\ln(\text{patent})_{i,\,t+3} = \beta_0 + \beta_1 \text{msi}_{i,\,t} + \beta_2 \text{msi}_{i,\,t} \times \text{crosubrat}_{i,\,t} + \beta_3 \text{crosubrat}_{i,\,t}$$
$$+ \beta_4 \sum \text{control}_{i,\,t} + \varepsilon \tag{5-1}$$

关于市场分割（msi）的度量已在第 1 章"方法与数据"部分进行了

详细的介绍。我们将省份层面的市场分割数据匹配到公司层面。

企业创新能力的衡量目前文献常用指标包括创新投入和产出两类，创新投入基于研发支出进行计算衡量，产出则主要以专利数量为计算基础。参考 Seru（2014）、Chemmanur et al.（2014）、Hsu et al.（2014）等文献，我们也以专利产出来衡量企业创新水平。一方面，专利数量指标可以更有效地捕捉到创新的实际产出；另一方面，企业在创新活动中的投入如研发支出等资金上的流动可以观测到，也存在观测不到的部分，如研发人员投入的精力、时间等，但专利数量可以更好地捕捉到创新投入是否有效。又由于专利申请量比授予量更能真实反映创新水平（周煊 等，2012；Tan et al.，2014），又较少受到检测过程中不确定性（Tong et al.，2014）和腐败因素（Tan et al.，2014）的影响，故选取专利申请数量衡量企业创新能力。

具体测量和计算方面，我们参考 He 和 Tian（2013），以公司申请专利总数加 1 取对数计算［ln（patent）］，并依照文献对其进行前置三年的处理。此外，我们参考黎文靖和郑曼妮（2016），将创新又区分为实质型创新和策略型创新，实质型创新基于发明专利计算，而策略型创新基于外观专利与实用新型专利计算，非发明型专利只能为企业带来"量"的提升，而非"质"的改变。由此，我们可以测量企业创新产出的三个指标，即专利总量［ln（patent_ all）］、实质型创新［ln（patent_ fm）］和策略型创新［ln（patent_ nofm）］。

控制变量方面，参考 He 和 Tian（2013），财务特征类控制变量及计算方法为：企业规模（size）以总资产的自然对数衡量，资产负债率（lev）等于总负债与总资产之比，盈利能力（roa）为利润总额与总资产的比值，自由现金流（fcf）为经营活动产生的净现金流量与总资产之比，固定资产比例（far）为固定资产与总资产之比，公司年龄（lnage）以公司自成立起实际年龄加 1 后再取对数衡量，子公司数量（lnsumk）以子公司数量加 1 后再取对数表示；公司治理类变量包括第一大股东持股比例（top1）和大股东占款（occpy）；除此之外，企业资本密集度代表着在外源融资有限情况下，利用自身资本密集的比较优势进行创新活动的能力（张璇 等，2017），我们加以控制资本密集度（intensity），以固定资产与员工人数比值的对数表示。宏观变量方面包含了行业竞争（HHI）、行业竞争平方项（HHI^2）和地方知识产权保护程度（knowledge），其中行业竞争以行业营业收入计算的赫芬达尔指数表示，知识产权保护程度取自王小鲁等编制的《中国分省份市场化指数报告（2016）》中知识产权保护项目。为消除异常值影响，我们对相关变量的 1% 和 99% 百分位进行 Winsorize 处理，同时还考虑年度和行业差异，设置控制年度虚拟变量 year 和行业虚拟变量 ind。

5.4.3 描述性统计

表 5-1 是本章主要变量的描述性统计结果。Panel A 显示样本内专利申请总数（patent_ all）的均值为 35.194，标准差为 118.027，发明专利和非发明专利的标准差分别为 47.524、77.463，表明样本内的企业间专利申请数量差异很大，各企业创新能力参差不齐。发明专利（patent_ fm）均值为 14.254，低于非发明专利（patent_ nofm）的均值（20.940），表明样本内地方国有企业的创新更多集中在策略型创新方面，在实质型创新即质的创新层面存在不足。

Panel B 对市场分割进行分组，并直接比较取对数后的专利数量在市场分割分组中的差异，其中市场分割的分组以每年各省份分割指数的中位数为基础，大于中位数则记为市场分割严重的地区，反之则做相反处理。表中显示在市场分割严重的地区，专利总数、发明专利和非发明专利的均值和中位数均小于市场分割较为缓和的地区，且非发明专利的均值和中位数在两组间存在 5% 显著性水平的差异。

表 5-1　主要变量的描述性统计

Panel A 变量描述性统计						
variable	N	mean	$p25$	$p50$	$p75$	sd
patent_ all	780	35. 194	4. 000	10. 000	26. 000	118. 027
patent_ fm	780	14. 254	1. 000	4. 000	10. 000	47. 524
patent_ nofm	780	20. 940	1. 000	4. 000	15. 000	77. 463
msi	780	1. 942	0. 000	1. 792	3. 135	1. 745
size	780	1. 427	0. 000	1. 099	2. 398	1. 460
lev	780	1. 409	0. 000	0. 693	2. 639	1. 618
roa	780	−0. 525	−0. 732	−0. 644	−0. 433	0. 321
fcf	780	22. 158	21. 345	21. 854	22. 969	1. 160
far	780	0. 499	0. 359	0. 519	0. 647	0. 194
lnage	780	0. 039	0. 010	0. 031	0. 062	0. 054
lnsumk	780	2. 376	1. 946	2. 398	2. 890	0. 784
top1	780	0. 048	0. 004	0. 046	0. 089	0. 077
occupy	780	0. 274	0. 151	0. 251	0. 383	0. 154
intensity	780	2. 496	2. 303	2. 565	2. 708	0. 340
HHI	780	39. 640	28. 624	39. 276	50. 495	14. 444
HHI^2	780	0. 014	0. 003	0. 006	0. 016	0. 021
knowledge	780	12. 620	12. 007	12. 607	13. 199	0. 857

Panel B 市场分割差异分组						
	Mean			Median		
	msi> median	msi<= median	difference	msi> median	msi<= median	difference
ln(patent_ all)	1. 887	2. 032	−0. 144	1. 792	1. 946	−0. 154
ln(patent_ fm)	1. 420	1. 435	−0. 014	1. 099	1. 099	−0. 000
ln(patent_ nofm)	1. 301	1. 533	−0. 232 **	0. 693	1. 386	−0. 693 **

5.5 实证结果与分析

5.5.1 假设 H5.1 回归结果及稳健性检验

5.5.1.1 假设 H5.1 回归结果

为了检验模型（5-1）以验证竞争性假说，假设模型（5-1）中 β_2 和 β_3 都为 0，回归结果参见表 5-2 第（1）、（3）、（5）列，分别为创新总量、实质型创新和策略型创新的回归结果。市场分割（msi）的回归系数均在 5% 的水平上显著为负，说明市场分割越严重，地方国有企业创新产出越低，并且创新总量［ln（patent_all）］、实质型创新［ln（patent_fm）］和策略型创新［ln（patent_nofm）］均降低，以此验证了市场分割的"资源诅咒"观点，支持了假设 H5.1b。第（2）、（4）、（6）列为加上异地子公司的调节后对地域性差异的修正结果，结果显示市场分割（msi）前系数与第（1）、（3）、（5）栏一致，皆在 1% 的显著性水平上负向影响企业创新总量及实质型和策略型创新数量，表明市场分割越严重，地方国有企业创新产出越低；而市场分割与异地子公司比例的交乘项（msi * crosubrat）分别在 1% 或 10% 的水平上显著为正，表明随着异地子公司的增加，企业在市场分割下的"资源诅咒"效应会随之减弱，由此验证了"资源诅咒"具有较强的区域性。

控制变量方面，企业规模越大，专利数量越高，支持了企业规模对创新存在正向影响的观点（周黎安和罗凯，2005）；另外企业盈利能力越强，自由现金流越大，企业创新能力也越强。大多数控制变量方向与已有文献一致，但是市场竞争（HHI）对创新总量和策略型创新数量上的影响不尽一致，可能因为样本均为国有企业，地方国有企业的创新能力较弱，因此市场竞争对企业创新的激励作用在国有企业中不明显。

表 5-2 市场分割与专利数量回归结果

VARIABLES	ln（patent_ all）$_{t+3}$		ln（patent_ fm）$_{t+3}$		ln（patent_ nofm）$_{t+3}$	
	（1）	（2）	（3）	（4）	（5）	（6）
msi	-0.396 **	-0.723 ***	-0.307 *	-0.552 ***	-0.394 **	-0.734 ***
	（-1.99）	（-3.38）	（-1.92）	（-3.17）	（-2.43）	（-3.35）
msi * crosubrat		0.825 ***		0.608 *		0.876 ***
		（3.71）		（1.81）		（2.99）
crosubrat		0.743 ***		0.622 **		0.668 ***
		（3.07）		（2.12）		（2.60）
size	0.427 ***	0.426 ***	0.396 ***	0.394 ***	0.350 ***	0.349 ***
	（3.07）	（3.11）	（2.90）	（2.96）	（2.90）	（2.90）
lev	0.398	0.498	0.500	0.590	0.363	0.442
	（1.17）	（1.54）	（1.26）	（1.55）	（1.02）	（1.26）
roa	2.782 *	2.730 *	2.387 *	2.319 *	1.773	1.766
	（1.90）	（1.87）	（1.71）	（1.68）	（1.47）	（1.42）
fcf	1.181 *	1.277 *	1.003 ***	1.097 ***	1.214	1.279
	（1.70）	（1.86）	（3.61）	（3.63）	（1.10）	（1.17）
far	-0.617	-0.659	-0.432	-0.474	-0.403	-0.431
	（-0.78）	（-0.83）	（-0.68）	（-0.76）	（-0.48）	（-0.51）
lnage	-0.001	0.036	-0.132	-0.096	0.009	0.035
	（-0.00）	（0.15）	（-0.63）	（-0.47）	（0.04）	（0.14）
lnsumk	0.012	0.008	0.051	0.049	0.012	0.007
	（0.08）	（0.06）	（0.45）	（0.44）	（0.10）	（0.06）
top1	0.002	0.003	0.004	0.005	0.002	0.003
	（0.39）	（0.54）	（0.75）	（0.88）	（0.41）	（0.55）
occupy	2.508	2.572	2.034	2.102	3.964	3.997
	（0.89）	（0.91）	（0.88）	（0.90）	（1.49）	（1.48）
intensity	-0.126	-0.136	-0.047	-0.055	-0.231	-0.239 *
	（-1.02）	（-1.10）	（-0.43）	（-0.50）	（-1.60）	（-1.67）

表5-2(续)

VARIABLES	ln（patent_all）$_{t+3}$		ln（patent_fm）$_{t+3}$		ln（patent_nofm）$_{t+3}$	
	（1）	（2）	（3）	（4）	（5）	（6）
HHI	−0.750	−0.264	2.890	3.178	−3.280	−2.653
	（−0.18）	（−0.07）	（0.62）	（0.75）	（−1.06）	（−0.89）
HHI^2	−6.522	−8.606	−10.043	−11.655	−0.025	−2.110
	（−0.59）	（−0.86）	（−0.79）	（−0.99）	（−0.01）	（−0.43）
knowledge	0.002	0.001	0.007	0.007	−0.010	−0.010*
	（0.34）	（0.28）	（1.24）	（1.19）	（−1.61）	（−1.72）
Constant	−5.322*	−5.553*	−6.933**	−7.096**	−2.604	−2.860
	（−1.67）	（−1.76）	（−2.10）	（−2.17）	（−0.99）	（−1.07）
Ind／Year	Y	Y	Y	Y	Y	Y
Observations	780	780	780	780	780	780
R-squared	0.567	0.571	0.504	0.508	0.500	0.503

注：括号内为 t 值，并经过个体和时间的双重 cluster 调整，*** 、** 、* 分别代表在1%、5%和10%的水平上显著。

5.5.1.2 稳健性检验

1. 反向因果内生性

本章考察市场分割对地方国有企业创新产出的影响，若区域内地方国有企业创新产出越低，地方政府给予的地方保护越多，则本章结论可能存在反向因果内生性。对于此，我们从两方面进行分析：首先，追溯市场分割的成因及背景可知，在地方分权和地方赶超战略的背景下，地方政府出于对 GDP 和就业、社会稳定等经济和政治利益的追求实施地方保护，因此地方政府更倾向于保护高利税率和国有企业占比较高的行业（白重恩 等，2004），因为该类行业能为政府带来即时性收益。其次，由于创新活动的长期性和高风险特点，地方国有企业通过创新活动承担政策型负担的动力较小，且市场分割下的低竞争环境使地方国有企业无须通过创新活动也可以获取更高的竞争地位。综上，企业创新能力并非地方政府实施市场分割的主要原因，也因此地方市场分割程度与地方国有企业创新产出之间不存在反向因果关系。

2. 遗漏变量和测量误差

同第3章和第4章，本章的市场分割指数可能包含区域间因交通、通信等自然地理或技术因素造成的阻碍，参考第3章和第4章的做法，增加交通运输、信息通信、城市公用事业等基础设施建设的资金投入，有助于降低自然性市场分割和技术性市场分割（范欣 等，2017）。

我们同样用市场分割指数对基础设施投资进行回归，取其残差（msi_resi）作为市场分割指数（msi）的替代变量，重新检验假设 H5.1b 的稳健性。具体结果见表5-3，与表5-2结果类似，第（1）、（3）、（5）列中，残差（msi_resi）前系数仍在1%至10%的水平上显著为负，且在创新总量［ln（patent_all）］、实质型创新［ln（patent_fm）］和策略型创新［ln（patent_nofm）］均降低，再次验证了市场分割的"资源诅咒"观点，证明了假设 H5.1b 的稳健性。第（2）、（4）、（6）列加上异地子公司的调节变量后发现，市场分割对创新产出的负向影响均随异地子公司比例增加而有所缓解，且除策略型创新外，残差与异地子公司比交乘项（msi_resi * crosubrat）均在10%的水平上显著为正，以此验证了市场分割对创新产出的"资源诅咒"效应存在区域性特点的稳健性。

表 5-3　稳健性检验回归结果

VARIABLES	ln（patent_all）$_{t+3}$		ln（patent_fm）$_{t+3}$		ln（patent_nofm）$_{t+3}$	
	(1)	(2)	(3)	(4)	(5)	(6)
msi_resi	−0.402**	−0.564**	−0.310*	−0.533***	−0.416***	−0.664***
	(−2.13)	(−2.56)	(−1.96)	(−3.17)	(−2.88)	(−2.78)
msi_resi * crosubrat		0.405*		0.565*		0.654
		(1.86)		(1.68)		(1.52)
crosubrat		0.304		0.592**		0.207

表5-3(续)

VARIABLES	ln（patent_ all）$_{t+3}$		ln（patent_ fm）$_{t+3}$		ln（patent_ nofm）$_{t+3}$	
	（1）	（2）	（3）	（4）	（5）	（6）
		（1.58）		（2.07）		（1.09）
size	0.427***	0.426***	0.396***	0.394***	0.350***	0.350***
	（3.06）	（3.11）	（2.89）	（2.94）	（2.88）	（2.90）
lev	0.410	0.487	0.509	0.604	0.373	0.432
	（1.20）	（1.48）	（1.28）	（1.58）	（1.04）	（1.23）
roa	2.811*	2.710*	2.410*	2.360*	1.801	1.749
	（1.92）	（1.86）	（1.73）	（1.72）	（1.49）	（1.42）
fcf	1.184*	1.286*	1.006***	1.101***	1.213	1.290
	（1.72）	（1.88）	（3.70）	（3.77）	（1.10）	（1.19）
far	−0.600	−0.643	−0.419	−0.450	−0.387	−0.417
	（−0.76）	（−0.81）	（−0.67）	（−0.72）	（−0.46）	（−0.49）
lnage	−0.007	0.027	−0.137	−0.105	0.004	0.027
	（−0.03）	（0.11）	（−0.66）	（−0.52）	（0.02）	（0.11）
lnsumk	0.013	0.012	0.051	0.050	0.013	0.010
	（0.09）	（0.09）	（0.46）	（0.45）	（0.11）	（0.08）
top1	0.002	0.003	0.004	0.005	0.002	0.003
	（0.40）	（0.53）	（0.75）	（0.89）	（0.42）	（0.57）
occupy	2.565	2.636	2.078	2.180	4.019	4.050
	（0.92）	（0.96）	（0.90）	（0.94）	（1.53）	（1.54）
intensity	−0.129	−0.137	−0.049	−0.059	−0.233	−0.241*
	（−1.04）	（−1.11）	（−0.45）	（−0.53）	（−1.63）	（−1.69）
HHI	−0.679	−0.914	2.938	3.200	−3.147	−3.250
	（−0.16）	（−0.23）	（0.63）	（0.75）	（−1.03）	（−1.07）
HHI^2	−6.643	−7.017	−10.118	−11.614	−0.297	−0.638
	（−0.60）	（−0.66）	（−0.79）	（−0.98）	（−0.06）	（−0.13）
knowledge	0.003	0.003	0.008	0.009	−0.009	−0.009

表5-3(续)

VARIABLES	ln（patent_ all）$_{t+3}$		ln（patent_ fm）$_{t+3}$		ln（patent_ nofm）$_{t+3}$	
	（1）	（2）	（3）	（4）	（5）	（6）
	（0.60）	（0.61）	（1.42）	（1.48）	（−1.46）	（−1.53）
Constant	−5.080	−5.044	−6.743 **	−6.746 **	−2.378	−2.360
	（−1.62）	（−1.62）	（−2.05）	（−2.06）	（−0.92）	（−0.91）
Ind / Year	Y	Y	Y	Y	Y	Y
Observations	780	780	780	780	780	780
R−squared	0.568	0.570	0.504	0.508	0.500	0.502

注：括号内为 t 值，并经过个体和时间的双重 cluster 调整，*** 、** 、* 分别代表在 1%、5% 和 10% 的水平上显著。

3. 非国企对照检验

同第 4 章做法，本章虽然主要检验市场分割对地方国有企业创新产出的影响，也不能忽略非国有企业。但与前两章不同，市场分割对地方国有企业的"资源诅咒"效应虽然不存在于非国有企业中，但非国有企业并不会因此而有更强的创新能力。因为市场分割下非国有企业可获取资源存在被挤出效应，这一点在第 4 章表 4-3 第（4）列中有部分反映，其虽然受政府干预小，有更高的自主投资自由，但由于其获取贷款、项目准入权等资源存在一定的难度，其创新能力可能也会受到限制。具体检验结果见表 5-4。如表 5-4 所示，整体来看，市场分割确实阻碍了非国有企业创新产出的数量，且主要体现在策略型创新［ln（patent_ nofm）］方面，即表 5-4 第（5）、（6）列市场分割（msi）前系数在 5% 和 10% 的水平上显著为负；实质型创新中市场分割虽未表现出对非国企实质型专业产出的显著抑制作用，但市场分割前系数也为负，部分说明市场分割对非国企创新的抑制作用。市场分割与异地子公司比例的交乘项（msi * crosubrat）在创新总量和实质型创新方面符号为负，异地子公司比例表现出反向调节作用，但不存在显著性。非国有企业的对照检验也在某种程度上反映出市场分割下非国有企业的被挤出效应。

表 5-4　非国企样本市场分割与专利数量回归结果

VARIABLES	ln（patent_ all）$_{t+3}$		ln（patent_ fm）$_{t+3}$		ln（patent_ nofm）$_{t+3}$	
	（1）	（2）	（3）	（4）	（5）	（6）
msi	−0. 148**	−0. 213**	−0. 063	−0. 050	−0. 242**	−0. 326***
	（−2. 39）	（−2. 39）	（−1. 16）	（−0. 40）	（−2. 55）	（−4. 01）
msi * crosubrat		0. 152		−0. 030		0. 195
		（0. 62）		（−0. 12）		（1. 07）
crosubrat		0. 072		−0. 056		0. 040
		（0. 39）		（−0. 31）		（0. 25）
size	0. 391***	0. 390***	0. 320**	0. 321**	0. 314***	0. 314***
	（2. 73）	（2. 72）	（2. 47）	（2. 47）	（2. 95）	（2. 93）
lev	0. 212	0. 209	0. 359	0. 354	0. 291	0. 282
	（0. 84）	（0. 82）	（1. 52）	（1. 51）	（1. 04）	（1. 01）
roa	1. 641*	1. 631*	1. 606*	1. 589*	1. 076	1. 041
	（1. 73）	（1. 71）	（1. 86）	（1. 81）	（1. 40）	（1. 34）
fcf	0. 771	0. 779	0. 541	0. 549	0. 488	0. 511
	（1. 56）	（1. 58）	（1. 59）	（1. 59）	（0. 98）	（1. 03）
far	0. 711***	0. 703**	0. 215	0. 214	0. 933***	0. 919***
	（2. 62）	（2. 57）	（0. 80）	（0. 80）	（3. 10）	（3. 05）
lnage	−0. 115*	−0. 115*	−0. 076	−0. 079	−0. 112*	−0. 116*
	（−1. 76）	（−1. 77）	（−1. 46）	（−1. 51）	（−1. 67）	（−1. 70）
lnsumk	−0. 092*	−0. 090*	−0. 067	−0. 064	−0. 076	−0. 071
	（−1. 75）	（−1. 71）	（−1. 34）	（−1. 28）	（−1. 59）	（−1. 47）
top1	0. 002	0. 002	0. 000	0. 000	0. 003	0. 003
	（0. 79）	（0. 79）	（0. 15）	（0. 16）	（1. 43）	（1. 44）
occupy	−1. 671	−1. 659	−1. 197	−1. 195	−2. 320*	−2. 300*
	（−1. 63）	（−1. 60）	（−1. 27）	（−1. 27）	（−1. 93）	（−1. 89）

表5-4(续)

VARIABLES	ln（patent_all）$_{t+3}$		ln（patent_fm）$_{t+3}$		ln（patent_nofm）$_{t+3}$	
	（1）	（2）	（3）	（4）	（5）	（6）
intensity	-0.249***	-0.248***	-0.147**	-0.148**	-0.247***	-0.248***
	（-3.06）	（-3.04）	（-2.23）	（-2.23）	（-3.23）	（-3.23）
HHI	5.247***	5.215***	5.749***	5.760***	4.434**	4.398**
	（3.21）	（3.15）	（4.73）	（4.69）	（2.45）	（2.42）
HHI^2	-4.663***	-4.635***	-6.037***	-6.049***	-3.412**	-3.384**
	（-3.17）	（-3.13）	（-5.96）	（-5.89）	（-2.04）	（-2.01）
knowledge	0.001	0.001	0.004	0.004	-0.004*	-0.004*
	（0.74）	（0.70）	（1.64）	（1.62）	（-1.87）	（-1.95）
Constant	-4.804*	-4.825*	-5.098**	-5.078**	-3.521*	-3.528*
	（-1.70）	（-1.72）	（-2.03）	（-2.03）	（-1.72）	（-1.74）
Ind／Year	Y	Y	Y	Y	Y	Y
Observations	3,246	3,246	3,246	3,246	3,246	3,246
R-squared	0.540	0.540	0.417	0.418	0.452	0.453

注：括号内为 t 值，并经过个体和时间的双重 cluster 调整，***、**、*分别代表在1%、5%和10%的水平上显著。

5.5.2 进一步分析

5.5.2.1 研发投入路径分析

前文我们验证了市场分割下地方政府为地方国有企业提供的丰富资源存在"资源诅咒"效应，其中一个原因是市场分割下地方政府为地方国企提供资源支持的目的具有短期性，使得地方国有企业在获取资源后须进行更多符合地方收益的投资，如第3章已验证的纵向一体化和横向多元化的规模型扩张，其中必然伴随着能为政府提供更多 GDP、就业和税基的过度投资（曹春方 等，2015a）等，为完成地方政府短期目标而进行的投资可能以牺牲有助于长期发展的研发投资为代价，从而也降低了企业的创新产出。基于以上分析，本章提出假设 H5. 2：

假设 H5. 2：市场分割越严重，地方国有企业研发投入强度越低，且该效应随企业异地子公司比例的增加而被削弱。

为验证该假设，参考鲁桐和党印（2014），我们采用多数文献中常用的两个指标来衡量企业的研发投入强度，分别是研发支出占总资产的比重（RD_size）及研发支出占营业收入的比重（RD_sale）。这两个指标值越大，表明企业创新投入越高，企业越注重技术创新；反之则反映出对创新活动的忽略。其中研发支出的数据取自 WIND 数据库，参考鲁桐和党印（2014）、简泽等（2017）只保留研发支出大于 0 的样本。

依照模型（5-1），建立模型（5-2），将因变量替换成反映研发投入强度的两个指标，同时为减少内生性影响，把解释变量和相关控制变量滞后一期。

$$RD_{i, t} = \beta_0 + \beta_1 \, msi_{i, t-1} + \beta_2 \, msi_{i, t-1} \times crosubrat_{i, t-1} +$$

$$\beta_3 \, crosubrat_{i, t-1} + \beta_4 \sum control_{i, t-1} + \varepsilon \qquad (5-2)$$

对研发投入路径的检验结果见表 5-5，市场分割（msi）前系数分别在 1% 的水平上显著为负，市场分割与异地子公司比例的交乘项（msi * crosubrat）则在 1% 的水平上显著为正。这既说明市场分割越严重的地区，地方国有企业的研发投入强度越低，也说明了该结果的地域性，随着企业异地子公司的增加，市场分割对研发投入的抑制效应也随之减弱。表 5-5 的结果从研发投入的路径上证明了"资源诅咒"效应的存在，地方政府的资源支持有地方政府的短期收益目的，也因此挤出了企业研发投入的强度。

表 5-5　市场分割与研发投入强度回归结果

VARIABLES	（1） RD_size	（2） RD_sale
msi	-0.007***	-0.796***
	(-4.31)	(-2.80)

表5-5(续)

VARIABLES	(1) RD_ size	(2) RD_ sale
msi * crosubrat	0.013***	2.330***
	(3.36)	(2.63)
crosubrat	0.011***	1.756**
	(3.75)	(2.47)
size	−0.001	0.003
	(−0.87)	(0.03)
lev	0.000	−1.484**
	(0.10)	(−2.16)
roa	0.051***	3.257
	(5.58)	(1.56)
fcf	0.007	0.664
	(1.25)	(0.71)
far	0.005	−1.920**
	(0.88)	(−2.31)
lnage	−0.005	−1.094**
	(−1.52)	(−2.30)
lnsumk	−0.001	−0.278**
	(−1.27)	(−2.01)
top1	0.000*	0.003
	(1.77)	(0.42)
occupy	−0.009	−4.828*
	(−0.59)	(−1.83)
intensity	−0.002*	0.164
	(−1.92)	(1.13)
HHI	−0.024	−0.748
	(−0.63)	(−0.15)

表5-5(续)

VARIABLES	(1) RD_ size	(2) RD_ sale
HHI^2	0.013	0.986
	(0.20)	(0.16)
knowledge	0.000*	0.018
	(1.73)	(1.41)
Constant	0.045**	2.304
	(2.55)	(0.80)
Ind / Year	Y	Y
Observations	831	831
R-squared	0.565	0.584

注：括号内为 t 值，并经过个体和时间的双重 cluster 调整，***、**、* 分别代表在1%、5%和10%的水平上显著。

5.5.2.2 分组分析

1. 行业竞争程度

我国现有社会背景下制约创新的相关因素，除政府干预、要素市场扭曲、知识产权保护缺位之外，还存在一个根本性因素，即市场化竞争，它对创新可能具有基础性激励作用（张杰 等，2014）。若行业内存在企业在技术能力和竞争效率方面占据行业领导地位，便会对跟随企业产生激励，跟随企业会通过创新研发等提升企业竞争力以力图成为行业领导者（Aghion et al.，2005），此时竞争会激励企业加大研发投入以逃离产品市场上的竞争，即"逃离竞争"效应。国企创新活动虽然受市场分割对外来竞争的排斥，削弱了逃离竞争的动力，但在市场竞争程度激烈的行业中，也无法一直保持优势，竞争的外部性将激励国企基于预期的垄断回报而进行更多的研发投入（Gayle，2001）。有关行业竞争环境的分析表明，当行业竞争非常激烈、新进入企业很多时，企业未来增加创新投入的可能性将更大（中国企业家调查系统，2015）。

基于以上分析我们推测市场分割下地方国有企业的"资源诅咒"效应在行业竞争激烈的企业中会被削弱，而只存在于行业竞争程度较为缓和的企业中，并提出假设 H5.3：

假设 H5.3：对于行业竞争程度更激烈的地方国有企业，市场分割的"资源诅咒"效应不显著，市场分割的"资源诅咒"效应只存在于行业竞争程度较弱的企业中，且该效应随异地子公司增加而被减弱。

2. 高新技术行业与非高新技术行业分组

2017 年 4 月，国家科技部印发《国家高新技术产业开发区"十三五"发展规划》，以进一步贯彻落实《国家创新驱动发展战略纲要》《国家中长期科学和技术发展规划纲要（2006—2020 年）》和《"十三五"国家科技创新规划》，立足新的发展形势，充分发挥国家高新技术产业开发区（以下简称"国家高新区"）领先优势，促进国家高新区战略提升，实现引领型发展。作为我国在新常态下向创新驱动型发展形态转变的引领产业，促进高新技术产业发展一直是"十二五"和"十三五"发展规划的重要任务[①]。

为促进高新技术产业发展，自 1986 年国家高新技术研究发展计划实施以来，政府陆续通过财政拨款和财政补贴、税收优惠、固定资产加速折旧、政策性金融支持等方式进行支持，也取得显著成效（张同斌和高铁梅，2012）。由于其特性和技术机会的不同，高新技术产业与非高新技术产业在创新产出层面也存在一定的差异。高新技术产业无论在政府支持层面还是承担研发任务方面都比非高新企业得到的更多，也承担更多。李邃和江可申（2011）指出高新技术产业具有较高的科技能力，包括创新资源投入及研发能力、科技创新转化和影响力，以及科技创新经济支撑能力，也面临更大的创新压力，因此我们推测市场分割对企业创新产出的抑制作用仅存在于非高新技术行业中：

[①] http://www.gaoxinbutie.com/faq/461.html.

假设 H5.4：在高新技术行业中，市场分割的"资源诅咒"效应不显著，市场分割的"资源诅咒"效应只存在于非高新技术行业中，且该效应随异地子公司增加而被削弱。

3. 实证分析

为验证市场分割的"资源诅咒"效应在市场竞争（H5.3）和高新技术行业（H5.4）分组中的差异，我们将模型（5-1）在分组中进行回归。其中行业竞争程度的衡量仍以赫芬达尔指数（HHI）为基础，（HHI）= $\sum (X_i/X)^2$，其中，$X=\sum X_i$，X_i 为某行业内公司 i 的销售额，以 HHI 中值为界对行业竞争程度进行分组，HHI 小于中值则记为行业竞争程度激烈的组，HHI 大于中值则反之。

高新技术行业的判定根据科技部、财政部、国家税务总局制定的《2016 年国家重点支持的高新技术领域目录》规定，高科技公司涉及电子信息技术、生物与新医药技术、航空航天技术、新材料技术、高技术服务业、新能源及节能技术、资源与环境技术和先进制造与自动化共 8 个领域。根据上述标准，依照企业经营范围对高新技术领域的企业进行手工判定，将全体样本分为高新技术行业和非高新技术行业两大类，以 hightech 表示判定的虚拟变量，高新技术行业则 hightech 取 1，否则取 0。

分组检验描述性统计结果见表 5-6，Panel A 为不同行业竞争程度下企业专利数量的均值和中值情况。总体而言，在行业竞争程度较高的企业中（HHI<median），专利总量、实质型创新和策略型创新数量的均值和中值均高于行业竞争程度较低的企业，且实质型创新的中值在两组间的差异在5%的水平上显著（6.970**），专利总量的中值的组间差异在10%的水平上显著（1.000*），表明行业竞争确实对创新具有激励作用，与现有文献及本章推测相一致；Panel B 为高新技术行业和非高新技术行业中企业专利数量均值和中值的描述性统计。在高新技术行业中，专利总量、实质型创新和策略型创新数量的均值和中值均高于非高新技术行业，且高新技术行

业组企业实质型创新产出数量的均值比非高新技术行业高出9.997，且在1%的水平上显著。表明高新技术行业具备更强的创新能力。

表5-6　行业竞争程度和高新技术行业分组描述性统计

PanelA 行业竞争程度分组						
	Mean			Median		
	激烈	缓和	diff	激烈	缓和	diff
patent_ all	37.949	28.518	9.431	10.000	9.000	1.000*
patent_ fm	16.771	9.800	6.970**	4.000	4.000	0.000
patent_ nofm	21.178	18.717	2.461	4.000	4.000	0.000
PanelB 高新技术行业分组						
	Mean			Median		
	高新	非高新	diff	高新	非高新	diff
ln(patent_ all)	44.632	30.502	14.130	11.000	9.000	1.000
ln(patent_ fm)	21.351	11.353	9.997***	4.000	4.000	0.000
ln(patent_ nofm)	23.282	19.148	4.133	4.000	4.000	0.000

分组检验描述性统计结果分别见表5-7和表5-8，首先表5-7第（1）—（3）列为竞争程度更为激烈的行业中的回归结果，实质型和策略型专利数量、专利总数量均不受市场分割影响，黎文靖和郑曼妮（2016）指出策略型专利即非发明型专利体现的是企业创新的"量变"，更多是为了得到政府扶持而对政策和监管的迎合；而行业竞争激励企业通过创新获取更高的竞争力，需要的是"质变"类型的创新活动，因此在行业竞争程度较高的分组中，只有策略型创新受到市场分割的负面影响，并不违背假设H5.3的推论。而在竞争程度较低的行业中［表5-7第（4）、（5）、（6）列］，专利总量、发明型专利和非发明型专利均受到市场分割的抑制作用，且除专利总量外，发明型专利和非发明型专利中的"资源诅咒"效应都随异地子公司比例的增加而被削弱，验证了假设H5.3。

表 5-7　行业竞争程度分组回归结果

VARIABLES	行业竞争程度高			行业竞争程度低		
	（1） ln（patent_all）	（2） ln（patent_fm）	（3） ln（patent_nofm）	（4） ln（patent_all）	（5） ln（patent_fm）	（6） ln（patent_nofm）
msi	-0.446	-0.155	-0.690*	-0.640**	-0.670***	-0.634**
	（-0.80）	（-0.34）	（-1.81）	（-2.16）	（-2.79）	（-2.40）
msi * crosubrat	0.496	-0.046	0.763	0.893	1.236**	1.243**
	（0.83）	（-0.09）	（1.43）	（1.42）	（2.34）	（2.01）
crosubrat	0.517	0.226	0.688**	1.053*	1.230**	0.969**
	（1.16）	（0.54）	（2.03）	（1.93）	（2.23）	（2.15）
size	0.386	0.284	0.371*	0.440**	0.533***	0.334**
	（1.61）	（1.56）	（1.66）	（2.49）	（3.44）	（2.52）
lev	1.016	1.172**	1.032	0.557	0.175	0.240
	（1.52）	（2.03）	（1.58）	（0.73）	（0.25）	（0.46）
roa	4.137**	4.553**	2.937	4.281*	0.791	0.691
	（2.01）	（2.21）	（1.52）	（1.77）	（0.28）	（0.26）
fcf	0.077	0.145	0.455	1.558	2.517**	2.416
	（0.10）	（0.26）	（0.57）	（0.99）	（2.11）	（1.24）
far	-0.160	-0.094	-0.095	-0.575	-0.688	-0.641
	（-0.15）	（-0.12）	（-0.09）	（-0.59）	（-0.73）	（-0.48）
lnage	-0.244	-0.374*	-0.138	0.092	0.206	0.191
	（-0.84）	（-1.67）	（-0.49）	（0.25）	（0.76）	（0.58）
lnsumk	0.055	0.158	-0.015	0.157	-0.025	0.053
	（0.29）	（1.05）	（-0.10）	（1.03）	（-0.19）	（0.34）
top1	0.011	0.008	0.012	-0.006	0.005	-0.003
	（1.09）	（1.08）	（1.34）	（-0.66）	（0.62）	（-0.33）
occupy	-1.498	-2.473	-0.438	5.856**	7.079	6.761*
	（-0.23）	（-0.50）	（-0.08）	（2.23）	（1.60）	（1.96）
intensity	-0.152	-0.147	-0.183	-0.120	-0.043	-0.302

表5-7(续)

VARIABLES	行业竞争程度高			行业竞争程度低		
	(1) ln(patent _all)	(2) ln(patent _fm)	(3) ln(patent _nofm)	(4) ln(patent _all)	(5) ln(patent _fm)	(6) ln(patent _nofm)
	(-0.89)	(-1.01)	(-1.13)	(-0.61)	(-0.31)	(-1.43)
HHI	-9.184	-4.412	-10.501*	-8.909	-12.433	-47.629
	(-1.15)	(-0.59)	(-1.66)	(-0.80)	(-0.34)	(-0.96)
HHI^2	11.231	4.999	14.837	-60.715	325.478	553.220
	(0.65)	(0.27)	(1.42)	(-0.38)	(1.02)	(1.12)
knowledge	-0.010	-0.007	-0.021**	-0.001	0.015*	-0.006
	(-1.12)	(-1.29)	(-2.13)	(-0.07)	(1.76)	(-0.84)
Constant	-3.536	-2.678	-3.452	-6.897***	-11.075***	-2.738
	(-0.74)	(-0.72)	(-0.76)	(-2.60)	(-3.31)	(-0.77)
Ind / Year	Y	Y	Y	Y	Y	Y
Obs	384	384	384	396	396	396
R-squared	0.625	0.574	0.578	0.381	0.504	0.474

注：括号内为 t 值，并经过个体和时间的双重 cluster 调整，***、**、* 分别代表在1%、5%和10%的水平上显著。

表5-8则为高新技术行业分组结果，与假设 H5.4 推论一致，市场分割的"资源诅咒"主要体现在非高新技术行业中［表5-8第（4）、（5）、（6）列］，一方面，非高新技术行业中的企业凭借发明创造以求在市场上生存的创新意愿较小；另一方面，这些企业受政府关于创新投入的支持也相对较少，成为实现地方政府短期经济或政治目标的主要对象。因此在非高新技术行业中，市场分割越严重，企业专利产出越低，且都在1%的显著性水平上为负，存在较强的"资源诅咒"效应。异地子公司和市场分割的调节项在专利总量和非发明型专利的回归中［表5-8第（4）、（6）列］显著为正，也验证了"资源诅咒"的区域性差异。

表 5-8 高新技术行业分组回归结果

VARIABLES	高新技术行业			非高新技术行业		
	(1) ln（patent _all）	(2) ln（patent _fm）	(3) ln（patent _nofm）	(4) ln（patent _all）	(5) ln（patent _fm）	(6) ln（patent _nofm）
msi	0.207	−0.025	−0.240	−0.753***	−0.654***	−0.568***
	(0.36)	(−0.06)	(−0.37)	(−3.61)	(−4.58)	(−2.90)
msi * crosubrat	−0.072	0.411	0.398	0.783***	0.534	0.633*
	(−0.05)	(0.37)	(0.33)	(2.69)	(1.47)	(1.94)
crosubrat	1.149*	1.278**	1.378**	0.608**	0.437	0.418
	(1.74)	(2.45)	(2.51)	(2.29)	(1.40)	(1.63)
size	0.399*	0.458**	0.131	0.443***	0.398***	0.408***
	(1.85)	(2.56)	(0.68)	(2.80)	(2.67)	(2.73)
lev	0.660	1.593*	0.203	0.487	0.436	0.636*
	(0.71)	(1.76)	(0.32)	(1.55)	(1.29)	(1.67)
roa	−1.833	−1.805	−2.101	2.928**	2.203*	2.322*
	(−0.53)	(−0.63)	(−0.71)	(2.12)	(1.73)	(1.68)
fcf	2.366	2.358	1.872	0.971	0.693*	1.048
	(1.15)	(1.10)	(1.11)	(1.49)	(1.90)	(0.99)
far	−2.503	−3.298	−1.903	−0.264	−0.090	0.126
	(−1.05)	(−1.58)	(−0.92)	(−0.42)	(−0.18)	(0.18)
lnage	0.641	0.244	0.458	−0.186	−0.241	−0.180
	(0.78)	(0.44)	(0.52)	(−0.68)	(−1.09)	(−0.64)
lnsumk	0.120	0.001	0.300	−0.010	0.072	−0.061
	(0.32)	(0.01)	(0.77)	(−0.08)	(0.69)	(−0.54)
top1	0.014	0.025	0.007	−0.003	−0.004	−0.001
	(0.80)	(1.61)	(0.39)	(−0.47)	(−0.80)	(−0.20)
occupy	−2.868	−1.689	1.422	2.073	2.105	2.761
	(−0.41)	(−0.26)	(0.22)	(0.76)	(0.95)	(1.04)
intensity	−0.235	−0.056	−0.315	−0.074	0.020	−0.252*

表5-7(续)

VARIABLES	高新技术行业			非高新技术行业		
	(1) ln（patent _ all）	(2) ln（patent _ fm）	(3) ln（patent _ nofm）	(4) ln（patent _ all）	(5) ln（patent _ fm）	(6) ln（patent _ nofm）
	(−0.75)	(−0.25)	(−0.86)	(−0.52)	(0.14)	(−1.66)
HHI	−17.740	−4.297	−15.402	2.572	5.320	−1.632
	(−0.78)	(−0.18)	(−0.55)	(0.51)	(0.87)	(−0.33)
HHI^2	43.557	23.109	32.790	−15.333	−17.186	−4.376
	(1.63)	(0.86)	(1.20)	(−1.39)	(−1.17)	(−0.54)
knowledge	0.002	0.005	−0.014	0.002	0.006	−0.006
	(0.07)	(0.28)	(−0.69)	(0.43)	(1.29)	(−1.30)
Constant	−10.373***	−13.765***	−2.985***	−5.908	−7.363*	−3.207
	(−3.43)	(−3.45)	(−5.91)	(−1.48)	(−1.90)	(−0.91)
Ind / Year	Y	Y	Y	Y	Y	Y
Obs	159	159	159	621	621	621
R−squared	0.591	0.582	0.564	0.596	0.539	0.517

注：括号内为 t 值，并经过个体和时间的双重 cluster 调整，***、**、* 分别代表在 1%、5%和 10%的水平上显著。

5.6 本章小结

本章基于中国地方国有企业 2007—2013 年专利申请数据和公司财务数据，从市场分割的视角探讨了地方政府干预对企业创新产出的影响，尝试从微观企业角度检验市场分割的长期影响，是否具有负面效应，为验证我国向创新驱动发展战略的转型过程中市场分割的阻碍作用提供经验证据，同时为市场一体化政策的推行提供建议。相关结论如下：第一，中国市场分割的存在阻碍了地方国有企业的创新产出，市场分割越严重的地区，地方国企的专利产出数量越低，且在实质型创新和策略型创新中均存在显著负面效应。对比第3章和第4章地方国有企业在市场分割下得到政府推动的规模型扩张和产品市场竞争地位的占优，本章发现了市场分割的"资源诅咒"效应。第二，为更清晰地考察市场分割的区域性差异，以异地子公司作为调节项考察企业异地子公司是否有助于企业在一定程度上逃离"资源诅咒"，发现随着异地子公司比例的增加，市场分割的"资源诅咒"效应被削弱。第三，进一步分析中，本章发现市场分割对创新产出的负面效应通过创新投入强度得以实现，市场分割越严重，地方国企的创新投入强度越低，该效应也随异地子公司比例的增加而被削弱。第四，在对企业进行行业竞争程度和是否高新技术行业的分组后，发现"资源诅咒"效应仅存在于行业竞争程度较低及非高新技术行业的企业中，也由此验证了市场分割通过削弱企业面临竞争而降低企业创新动力的路径。

　　本章的分析结果分别与第3章和第4章的结果形成对比：

　　一方面，第3章发现市场分割下本地企业尤其是地方国有企业更倾向进行垂直一体化的策略选择，也因此牺牲了更具效率的专业化分工；同时在横向发展上选择多元化经营策略。总结起来，市场分割推动了地方企业尤其是国有企业的纵向和横向规模型扩张，加总到宏观层面则反映为依靠要素大量投入和扩张的粗放型经济增长模式。本章研究市场分割抑制了地方国有企业的技术创新活动，而企业依靠技术创新获取利润和发展前景，也是宏观层面依靠生产要素质量和使用效率提高的集约型经济增长的微观反映。由此形成了企业规模型扩张和创新型增长的对比，党的十八届二中全会上习近平总书记概述了中国经济呈现新常态的几个特点，其中包括中国经济正从要素驱动、投资驱动转向创新驱动，该特点与早前"九五"规划中强调的实现经济增长方式从粗放型向集约型的根本转变相一致，本章的结论在微观层面为市场分割阻碍经济方式转变提供了更具体的实证依据。

另一方面，第 4 章从产品市场竞争地位证明了市场分割对地方国企的"支持之手"，属于短期支持效应的一部分，本章创新层面角度证明了其地方政府的长期掠夺效应，更全面地验证了市场分割下地方政府在国有企业发展过程中扮演的角色。

本章的分析结果可能有以下的政策含义和微观建议：第一，要营造激励创新的公平竞争环境，必须打破制约创新的行业垄断和市场分割，这也是《中共中央国务院关于深化体制机制改革加快实施创新驱动发展战略的若干意见》的要求之一，本章结论为此提供了证据；第二，打破市场分割的相关政策一旦触及地方政府利益，便会受到政府的消极对抗，本章从创新角度提供了区域间分割对微观企业创新活动的负面作用，政府在发布整合市场的相关文件时采取强制性的禁止地方间分割政策的实施成效往往受挫，增加从更长远发展视角考核地方政府绩效的相关措施，使企业和政府间的长期目标达到某种程度上的统一也许能从微观层面激励企业的创新动力。

6 结论、建议与展望

6.1 结论

全世界的大国治理都遵循同一条规则——分权，中国也不例外。分权被认为是不同层级政府间关系的一种优良的制度安排。中国自成立以来历经多次分权式改革，逐渐形成了较完善的经济分权加政治集权的治理模式，政治集权将官员考核和晋升与其行为结合起来，经济分权又将地方政府的财政收入与当地经济状况直接挂钩，但也引发了地区间为财税和GDP而展开的经济竞争，从而导致地方保护主义和市场分割，阻碍了公平市场竞争环境的形成，对长期经济增长、产业升级、产出和要素配置结构优化等也产生了负面影响。改革开放初期中国市场分割问题日益凸显，政府也将建立统一的全国大市场作为从计划经济体系向市场经济体系转型过程中要达成的重要目标之一①，自 2001 年起针对市场分割和地方保护问题相继

---

① 1993 年中共十四届三中全会做出的《中共中央关于建立社会主义市场经济体制若干问题的决定》中，就指出：要"建立全国统一开放的市场体系，实现城乡市场紧密结合，国内市场与国际市场相互衔接，促进资源的优化配置"，该决定还对商品市场体系、要素市场体系、价格形成机制等方面的改革进行了系统规划。2003 年十六届三中全会做出的《中共中央关于完善社会主义市场经济体制若干问题的决定》中再次指出"完善市场体系，规范市场秩序""加快建设全国统一市场""废止妨碍公平竞争、设置行政壁垒、排斥外地产品和服务的各种分割市场的规定，打破行业垄断和地区封锁"。

发布相关规定和文件对其进行整改①，2014年习近平总书记在中央政治局会议上首提"经济新常态"，认为中国经济发展应由高速增长转为中高速增长、经济结构不断优化升级，从要素驱动、投资驱动转向创新驱动，之后中共中央、国务院发布的各种指导意见中也屡次强调要打破地区封锁和行业垄断、清除市场壁垒。即使中央屡次整改，一旦整改措施触及地方政府根本利益，便在实施层面困难重重。如2017年年初实施的盐改措施，在工信部联合发改委下发的通知规定了省级食盐批发企业可以跨省备货的情况下，依然出现多省份以各种理由（包括地方政府文件）查扣外地食盐的情况，可见中央的相关政策并不能根治市场分割的行政保护问题。

一直以来，学术界试图通过模型推导和实证检验的方式验证市场分割在宏观层面造成的效率损失、经济发展阻碍等，某种程度上忽略了微观地方企业受到的影响，市场分割既然是地方政府的地方保护所致，受保护的对象必然首先是地方企业，而企业受到的保护体现在哪些方面？随所有制类型发生怎样的变化？市场分割阻碍资源的优化配置在微观层面是否有所体现？为什么中央在推行创新驱动发展战略时提出必须打破地区分割和行政壁垒？本书在这样的背景下，带着相关问题，考察市场分割下企业经营策略的选择倾向，并围绕企业一体化、市场竞争和创新能力的视角试图为中央相关政策制定提供实证依据。主要结论包括以下几点：

（1）从企业纵向一体化发展战略选择分析视角，发现市场分割促进了地方企业尤其是地方国有企业的纵向一体化水平。进一步拓展至横向多元化经营策略选择，从纵向和横向边界的双重视角，发现市场分割下企业的资源优势使企业纵向扩张的同时也会选择横向发展，即地区市场分割越严重，当地企业尤其是国有企业的一体化和多元化水平越高。周黎安和罗凯（2005）指出在国有企业的改革和发展过程中，政府表现出对企业规模化

---

① 正如李剑阁（2003）指出的，"消除地区壁垒，建立全国统一市场，……可以说，这是我们从改革开放以来就建立起并逐步得到深化的共识"。

和集团化的迷恋，认为只有扩张规模，企业才能提高效率，结果出现了严重的"拉郎配"现象（周黎安和罗凯，2005）。本书从市场分割的角度为政府干预推动国有企业纵向及横向规模型扩张提供了证据，也以垂直专业化分工水平的角度表明国有企业的规模选择并非以效率为主导。

（2）纵向一体化与垂直专业化分工是企业纵向边界非此及彼的两端，市场分割对企业纵向一体化水平的促进作用等同于抑制地方企业尤其是地方国有企业的垂直专业化分工水平。通过专业化分工提高核心竞争力，提升对市场的响应是现代经济环境下企业竞争的主要特点，市场分割下地方政府通过给予企业的资源支持及设置壁垒减少企业竞争对手的竞争力（银温泉和才婉茹，2001），削弱了企业通过专业化分工提高竞争力和生产效率的动力。而这种抑制效应随企业异地子公司占比的提升而被削弱，表明市场分割促进企业一体化主要体现在本地企业中，体现了市场分割对企业影响的区域性差异；企业所处行业竞争越激烈，这种抑制效应越会被削弱，激烈的行业竞争使企业无法过度依靠地方政府获取竞争优势，不得不提高专业化水平。这两种异质性检验也进一步验证了本书的理论推导。

（3）从产品市场竞争地位的视角检验了市场分割对国有企业行政干预或支持手段的微观经济后果，发现企业在市场分割下受到的"保护"体现在产品市场竞争地位上。具体而言，市场分割提升了地方国企市场竞争地位，并且这种提升效果随其异地子公司比例的增加而减弱；这种提升背后是市场分割的支持作用，市场分割下国企获得了更多的长期贷款，也支付了更低的销售费用，这些支持作用也随其异地子公司比例的增加而减弱。这一发现既验证了地方国企主要通过获取要素资源和产品资源的便利性而得到更高的竞争地位，也验证了市场分割下地方国有企业进行规模扩张以获取竞争力的目的，同时还以地方国企"支持之手"的角度提供了市场分割长期存在的微观解释。

另外，对市场分割推动国有企业产品市场竞争地位提升的发现还具有现实意义。中国市场区别于发达国家市场比如美国市场的一大特点是，政府管制下要素市场是不完全竞争的。在这种不完全竞争下，近年来大量媒体报道都对国企改革以来取得的重大进展给予了大力肯定，指出我国国有企业为推动经济发展、保障和改善民生做出了重大贡献。如 2017 年上半年，国资监管系统企业资产总额达到 144.1 万亿元，上缴税费约占全国财政收入的 1/5，增加值约占全国 GDP 的 1/7[①]。2015 年中国前 500 强企业中，尽管民营企业在上榜数量上超过 40%，但它们在营业收入、资产、利润、纳税等指标上仍然远远低于国有企业[②]。2016 年进入世界 500 强的国有企业有 83 家，2017 年中国上榜企业再创历史新高，且央企和国企占到八成[③]；在国外媒体眼中，中国国有企业更是在中国快速增长的 GDP 中占50%的经济实体，美国国会审查组织美中经济与安全评估委员会（U. S. - China Economic and Security Review Commision）发布的一份报告认为国有部门在中国经济中将继续发挥重要作用[④]。

在政府强调要做大做强国有企业的同时，不少国有企业也认为自己做大做强凭借的是实力，依靠自主知识产权的核心技术[⑤]、或自己打造的完整价值链[⑥]等，独立学者杜建国一直支持国有企业靠实力发展的观点，认为国企发展一方面得益于中国经济增长，另一方面也主要靠自身竞争力及管理者的精明能干[⑦]。在一些媒体和学者眼中，国有企业在市场上居于优势地位确是劳有所获。因此从产品市场竞争地位的视角检验市场分割对国有企业干预或支持的微观经济后果，使我们对企业产品市场竞争地位——这一"世界上促进经济效率的最强力量"（Shleifer and Vishny, 1997）所呈

① http://news.163.com/17/0616/07/CN1LB4ND000187VE.html

② http://www.askci.com/news/finance/2015/08/22/1132284ado.shtml

③ http://sh.qihoo.com/pc/detail? check = 6bffbdd2cfef9895&sign = 360_e39369d1&url = http://finance.jrj.com.cn/2017/08/17053922951619. shtml

④ http://bbs.tiexue.net/post_5560250_1. html

⑤ http://people.cn/BIG5/shizheng/252/10307/10359/20030313/942626. html

⑥ http://finance.eastmoney.com/news/1346,20150330491577822. html

⑦ http://business.sohu.com/20120305/n336750817. shtml

现的结果是否是由，或者有多少是由政府推动的有了更深刻清晰的理解，有助于我们更客观地思考和评价国有企业市场竞争地位的相关问题。

（4）与规模型扩张相对应，从创新型增长的角度，本书发现市场分割阻碍了地方国有企业的创新产出，地方政府的资源推动长期存在"资源诅咒"效应，且这种效应随异地子公司数量增加得到缓解。这表明市场分割推动的地方国有企业的规模型扩张牺牲了创新型增长这种更具长期竞争力的发展模式，也表明市场分割背后地方政府的短视行为也反映在企业层面，长期创新能力下降与短期竞争地位的提升形成矛盾。进一步地，地方国有企业的"资源诅咒"效应主要存在于行业竞争程度较低及非高新技术行业的企业中，即市场分割为企业创造的低竞争环境削弱了企业通过逃离竞争获取超额利润的内在动力。该发现再一次证明国有企业的规模选择并非以效率为主导，而是资源错配的体现。

6.2 政策建议

（1）在制定打破市场分割的政策前，慎重考虑国有企业可能遭受的既得利益损失，将有助于制定出更有效的市场整合政策。长期以来国有企业在国民经济发展中占据主导地位，宏观层面研究市场分割与经济增长关系的文献发现市场分割内生于经济增长，打破市场分割也会在某种程度上牺牲地方的短期经济增长，本书的研究又发现国有企业利益也内生于市场分割，打破市场分割也会使地方国有企业资源优势、竞争地位等受到威胁。作为市场分割的既得利益者，地方国有企业也是打破市场分割的阻碍者。在推进市场整合的政策制定过程中，不能仅仅要求地方政府废除相关文件，如何考虑让国企参与市场竞争，减轻其政策性负担，激励其对市场一体化产生更积极的需求，成为破除地方保护、消除隐性壁垒的助力者，也是政策制定者需要兼顾的问题。

（2）改革官员考核和晋升激励制度以使地方政府着眼于长期发展。本书在总体上发现市场分割下地方政府对企业的资源支持推动了企业外延式规模扩张，然而新常态经济转型过程中这种推动显然并不乐观，长期抑制了企业创新能力。我们的结论也验证了市场分割造成资源错配，由地方政府主导的市场分割以行政权来配置资源，导致资源集聚方向以国有企业为主、以有助于规模扩张的投资项目为主，而非朝着更高利用价值的方向集聚为原则，自然会导致资源的错配，造成的资源错配不仅抑制了民企在市场上的资源获取和市场发展，对国企可能也是得不偿失的。

资源配置机制的效果应该以动态时间而不应以某一时刻来衡量，要获得长期的福利最大化可能会牺牲短期的效率（吴延兵，2007），这也是我国不断强调由要素驱动、投资驱动转为创新驱动，由粗放型增长模式向创新型增长模式转变的本质原因所在。要使国有企业着眼于长期发展，首先需要地方政府具备更长远的发展目光。政府态度的转变绝非一朝一夕之事，实行的三至五年的干部轮换交流制度，且以GDP为主的考核压力，都导致政府追求快速有效的经济增长方式。近年来官员考核任务根据环境及经济要求在不断做出调整，也是我们在经济、环境、社会等各方面发展中寻求平衡的探索和转变。增加以长期创新能力为主的考核指标，对官员在创新方面产生有偏的激励，而不仅仅是对创新企业进行政府补贴，将更能增加地方政府和企业的创新激励。

（3）继续坚持中央政府层面对市场整合的推动。本书的研究在政策含义层面告诉我们要实现从高速增长阶段到高质量发展阶段的转变、加快建设创新型国家，就必须持续加强市场一体化建设，打破区域行政壁垒，整合国内市场，营造鼓励创新的社会环境和公平竞争的市场环境。然而本书也通过国有企业在市场分割下的资源和竞争优势验证了市场分割可能是一些地方政府的占优策略，因此虽然中央出台的政策未必能得到地方的积极应对，但打破市场分割的任务也依然需要中央政府来推动，进而优化地方政府职能配置。2018 年 2 月 28 日中共第十九届中央委员会第三次全体会议通过《中共中央关于深化党和国家机构改革的决定》中，将"打破行政性垄断，防止市场垄断"的任务放在优化政府机构设置和职能配置的条目中，强调通过"加强和优化政府反垄断、反不正当竞争职能"来打破行政性垄断，也表明了打破市场分割过程中政府作用的重要性。

6.3　研究不足与展望

（1）对省级以下市、县级市场分割研究尚有待深入。在本书相关案例列举中，可发现市场分割和地方保护并非遍布各省全部范围，如双汇集团进入外地市场受阻的案例中，地方保护主义集中在县市级政府中。在县市级层面对市场分割经济后果的研究将更具有现实意义和参考价值。但市场分割指数的计算在数据上尚不支持，市级层面市场分割数据需要计算各地级市居民消费价格指数或商品零售价格指数，该数据部分可以从各省份的统计年鉴中获取。但各省份统计年鉴数据统计口径有差异，如广东、安徽等省份中食品的价格指数统计未包含淀粉、干豆类食品，但广西、贵州等省份中则含有此类食品。并且某些省份如贵州省的价格指数统计资料中未包含各地级市、县的具体资料，诸如此类问题使得市场分割指数具体到市、县级层面存在困难。这也是我们未来在数据上进行突破的方向所在。

（2）本书研究集中于地方国有企业，虽然用非国企样本进行了对照检验，但对市场分割影响非国企经营管理行为的作用机理缺乏深入透彻的分析。经过改革开放 40 多年的快速发展，民营企业对中国经济增长的贡献越来越大，逐步成为经济发展的重要推动力量。市场分割下资源向国有企业的倾斜必然会造成民营企业资源获取的不平等，然而对市场分割下民营企业经营策略、发展战略或经济后果方面受到的影响，本书的探索存在不足。加强对市场分割下民营企业经济行为的认知是市场分割对微观企业影响领域尚有待探讨的内容，值得我们在未来的研究中予以关注。

（3）本书对市场分割经济后果的研究仍是基于地方政府和官员以GDP、社会稳定和政治晋升的考核为目标展开的，但是官员考核的内容会随着社会和经济的发展而改变。2013 年 12 月 6 日，中组部印发《关于改进地方党政领导班子和领导干部政绩考核工作的通知》中，规定不能简单把经济总量和增长速度作为干部提拔任用的唯一标准。中共中央办公厅、国务院办公厅 2016 年 12 月印发的《生态文明建设目标评价考核办法》要求，在《绿色发展指标体系》中，资源利用权重占 29.3%，环境治理权重占 16.5%，环境质量权重占 19.3%，生态保护指标权重占 16.5%，增长质量权重占 9.2%，绿色生活权重占 9.2%。这个规定中 GDP 增长质量权重不到资源利用、环境质量权重的一半，占全部考核权重不到 10%。

随着官员考核内容的变化，各地方政府也在逐步弱化 GDP 考核，近两年也有文章开始研究市场分割对环境污染、能源效率等的影响，微观企业层面的环境整治等与官员考核内容相关的情况是否发生变化，也是我们未来研究的方向。

参考文献

[1] 安同良，施浩. 中国制造业企业 R&D 行为模式的观测与实证：基于江苏省制造业企业问卷调查的实证分析 [J]. 经济研究，2006，41（2）：21-30.

[2] 白俊红，江可申，李婧. 应用随机前沿模型评测中国区域研发创新效率 [J]. 管理世界，2009（10）：51-61.

[3] 白俊红. 中国的政府 R&D 资助有效吗？来自大中型工业企业的经验证据 [J]. 经济学，2011，10（4）：1375-1400.

[4] 白重恩，杜颖娟，陶志刚，等. 地方保护主义及产业地区集中度的决定因素和变动趋势 [J]. 经济研究，2004（4）：29-40.

[5] 曹春方. 政治权力转移与公司投资：中国的逻辑 [J]. 管理世界，2013（1）：143-155.

[6] 曹春方，周大伟，吴澄澄，等. 市场分割与异地子公司分布 [J]. 管理世界，2015a（9）：92-103.

[7] 曹春方，周大伟，吴澄澄. 信任环境，公司治理与民营上市公司投资：现金流敏感性 [J]. 世界经济，2015b（5）：125-147.

[8] 陈刚，李树. 司法独立与市场分割：以法官异地交流为实验的研究 [J]. 经济研究，2013，48（9）：30-42.

[9] 陈海强，韩乾，吴锴. 融资约束抑制技术效率提升吗？：基于制造业微观数据的实证研究 [J]. 金融研究，2015（10）：148-162.

[10] 陈敏, 桂琦寒, 陆铭, 等. 中国经济增长如何持续发挥规模效应?: 经济开放与国内商品市场分割的实证研究 [J]. 经济学 (季刊), 2007, 7 (1): 125-150.

[11] 陈信元, 黄俊. 政府管制与企业垂直整合: 刘永行 "炼铝" 的案例分析 [J]. 管理世界, 2006 (2): 134-138.

[12] 陈甬军. 中国地区间市场封锁问题研究 [M]. 福州市: 福建人民出版社, 1994.

[13] 陈媛媛. 市场分割下的地区市场规模对工业部门出口的影响研究: 只是简单的线性关系么? [J]. 世界经济研究, 2012 (4): 35-40.

[14] 董晓庆, 赵坚, 袁朋伟. 国有企业创新效率损失研究 [J]. 中国工业经济, 2014 (2): 97-108.

[15] 范爱军, 李真, 刘小勇. 国内市场分割及其影响因素的实证分析: 以我国商品市场为例 [J]. 南开经济研究, 2007 (5): 111-119.

[16] 范剑勇. 市场一体化, 地区专业化与产业集聚趋势: 兼谈对地区差距的影响 [J]. 中国社会科学, 2004 (6): 39-51.

[17] 范九利, 白暴力, 潘泉. 我国基础设施资本对经济增长的影响: 用生产函数法估计 [J]. 人文杂志, 2004 (4): 68-74.

[18] 范欣, 宋冬林, 赵新宇. 基础设施建设打破了国内市场分割吗? [J]. 经济研究, 2017 (2): 20-34.

[19] 范子英, 彭飞. "营改增" 的减税效应和分工效应: 基于产业互联的视角 [J]. 经济研究, 2017 (2): 82-95.

[20] 范子英, 张军. 财政分权, 转移支付与国内市场整合 [J]. 经济研究, 2010, 45 (3): 53-64.

[21] 方军雄. 所有制, 制度环境与信贷资金配置 [J]. 经济研究, 2007 (12): 82-92.

[22] 方军雄. 市场分割与资源配置效率的损害: 来自企业并购的证据

[J]. 财经研究, 2009 (9): 36-47.

[23] 冯根福, 温军. 中国上市公司治理与企业技术创新关系的实证分析 [J]. 中国工业经济, 2008 (7): 91-101.

[24] 冯兴元. 地方政府竞争: 理论范式, 分析框架与实证研究 [M]. 北京: 译林出版社, 2010.

[25] 冯宗宪, 王青, 侯晓辉. 政府投入, 市场化程度与中国工业企业的技术创新效率 [J]. 数量经济技术经济研究, 2011 (4): 3-17.

[26] 付强, 乔岳. 政府竞争如何促进了中国经济快速增长: 市场分割与经济增长关系再探讨 [J]. 世界经济, 2011 (7): 43-63.

[27] 付强. 市场分割促进区域经济增长的实现机制与经验辨识 [J]. 经济研究, 2017 (3): 47-60.

[28] 桂琦寒, 陈敏, 陆铭, 等. 中国国内商品市场趋于分割还是整合: 基于相对价格法的分析 [J]. 世界经济, 2006, 29 (2): 20-30.

[29] 郭勇. 国际金融危机, 区域市场分割与工业结构升级: 基于1985—2010 年省际面板数据的实证分析 [J]. 中国工业经济, 2013 (1): 19-31.

[30] 韩忠雪, 周婷婷. 产品市场竞争, 融资约束与公司现金持有: 基于中国制造业上市公司的实证分析 [J]. 南开管理评论, 2011 (4): 149-160.

[31] 胡向婷, 张璐. 地方保护主义对地区产业结构的影响 [J]. 经济研究, 2005 (2): 102-112.

[32] 胡援成, 肖德勇. 经济发展门槛与自然资源诅咒: 基于我国省际层面的面板数据实证研究 [J]. 管理世界, 2007 (4): 15-23.

[33] 黄丹, 刘露讯, 于阳. 中国食品业上市公司纵向一体化动因及其绩效的实证研究 [J]. 上海管理科学, 2010 (5): 17-21.

[34] 黄玖立, 李坤望, 晓鸥. 出口开放, 地区市场规模和经济增长

[J]. 2006 (6)：27-38.

[35] 黄孟复. 中国民企自主创新调查 [M]. 北京：中华工商联合出版社, 2007.

[36] 简泽, 谭利萍, 吕大国, 等. 市场竞争的创造性, 破坏性与技术升级 [J]. 中国工业经济, 2017, 34 (5)：16-34.

[37] 姜付秀, 屈耀辉, 陆正飞, 等. 产品市场竞争与资本结构动态调整 [J]. 经济研究, 2008 (4)：99-110.

[38] 姜付秀, 刘志彪. 行业特征, 资本结构与产品市场竞争 [J]. 管理世界, 2005 (10)：74-81.

[39] 解维敏, 方红星. 金融发展, 融资约束与企业研发投入 [J]. 金融研究, 2011 (5)：171-183.

[40] 解维敏, 唐清泉, 陆姗姗. 政府 R&D 资助, 企业 R&D 支出与自主创新：来自中国上市公司的经验证据 [J]. 金融研究, 2009 (6)：86-99.

[41] 金戈. 中国基础设施资本存量估算 [J]. 经济研究, 2012 (4)：4-14.

[42] 鞠晓生, 卢荻, 虞义华. 融资约束, 营运资本管理与企业创新可持续性 [J]. 经济研究, 2013 (1)：4-16.

[43] 柯善咨, 郭素梅. 中国市场一体化与区域经济增长互动：1995—2007 年 [J]. 数量经济技术经济研究, 2010 (5)：62-72.

[44] 黎文靖, 郑曼妮. 实质性创新还是策略性创新?：宏观产业政策对微观企业创新的影响 [J]. 经济研究, 2016, 51 (4)：60-73.

[45] 李春涛, 宋敏. 中国制造业企业的创新活动：所有制和 CEO 激励的作用 [J]. 新华文摘, 2010 (15)：135-137.

[46] 李国璋, 刘津汝. 财政分权, 市场分割与经济增长：基于1996—2007 年分省面板数据的研究 [J]. 经济评论, 2010 (5)：95-102.

[47] 李剑阁. 加快建高全国统一市场 [R]. 载于《中共中央关于完善社会主义市场经济体制若干问题的决定》辅导读本, 人民出版社, 2003 年 10 月: 145.

[48] 李科, 徐龙炳. 资本结构, 行业竞争与外部治理环境 [J]. 经济研究, 2009 (6): 116-128.

[49] 李青原, 陈晓, 王永海. 产品市场竞争, 资产专用性与资本结构: 来自中国制造业上市公司的经验证据 [J]. 金融研究, 2007 (4A): 100-113.

[50] 李青原, 唐建新. 企业纵向一体化的决定因素与生产效率 [J]. 南开管理评论, 2010 (3): 60-69.

[51] 李善同, 侯永志, 刘云中, 等. 中国国内地方保护的调查报告: 基于企业抽样调查的分析 [R]. 北京: 国务院发展研究中心, 2003.

[52] 李善同, 侯永志, 陈波. 中国国内地方保护的调查报告: 非企业抽样调查结果的初步分析 [R]. 北京: 国务院发展研究中心, 2003.

[53] 李善同, 侯永志, 刘云中, 等. 中国国内地方保护问题的调查与分析 [J]. 经济研究, 2004 (11): 78-84.

[54] 李邃, 江可申. 高技术产业科技能力与产业结构优化升级 [J]. 科研管理, 2011, 32 (2): 44-51.

[55] 李长青, 周伟铎, 姚星. 我国不同所有制企业技术创新能力的行业比较 [J]. 科研管理, 2014, 35 (7): 75-83.

[56] 林毅夫, 刘培林. 地方保护和市场分割: 从发展战略的角度考察 [J]. 北京大学中国经济研究中心工作论文 No1 C, 2004, 2004015.

[57] 林毅夫, 李志赟. 政策性负担、道德风险与预算软约束 [J]. 经济研究, 2004 (2): 17-27.

[58] 林钟高, 郑军, 卜继栓. 环境不确定性, 多元化经营与资本成本 [J]. 会计研究, 2015 (2): 36-43.

[59] 刘端,薛静芸,罗勇,等.现金持有,研发投资平滑和产品市场竞争绩效:基于中国高科技行业上市公司的实证 [J].系统管理学报,2015（5）：717-726.

[60] 刘凤委,李琳,薛云奎.信任,交易成本与商业信用模式 [J].经济研究,2009（8）：60-72.

[61] 刘凤委,孙铮,李增泉.政府干预,行业竞争与薪酬契约:来自国有上市公司的经验证据 [J].管理世界,2007（9）：76-84.

[62] 刘红梅,李国军,王克强.中国农业虚拟水"资源诅咒"效应检验基于省际面板数据的实证研究 [J].管理世界,2009（9）：69-79.

[63] 刘瑞明.国有企业,隐性补贴与市场分割:理论与经验证据 [J].管理世界,2012（4）：21-32.

[64] 刘小勇,李真.财政分权与地区市场分割实证研究 [J].财经研究,2008,34（2）：88-98.

[65] 柳建华.多元化投资,代理问题与企业绩效 [J].金融研究,2009（7）：104-120.

[66] 鲁桐,党印.公司治理与技术创新:分行业比较 [J].经济研究,2014（6）：115-128.

[67] 鲁桐,党印.投资者保护,行政环境与技术创新:跨国经验证据 [J].世界经济,2015（10）：99-124.

[68] 陆国庆,王舟,张春宇.中国战略性新兴产业政府创新补贴的绩效研究 [J].经济研究,2014（7）：44-55.

[69] 陆铭,陈钊,严冀.收益递增,发展战略与区域经济的分割 [J].经济研究,2004（1）：54-63.

[70] 陆铭,陈钊.中国区域经济发展中的市场整合与工业集聚 [M].上海:上海三联书店,2006.

[71] 陆铭,陈钊.分割市场的经济增长:为什么经济开放可能加剧地

方保护？[J].经济研究，2009（3）：42-52.

[72] 陆远权，张德钢.环境分权，市场分割与碳排放 [J].中国人口资源与环境，2016，26（6）：107-115.

[73] 吕新军.代理冲突与企业技术创新关系的实证分析 [J].科研管理，2014（11）：60-67.

[74] 马连福，曹春方.制度环境，地方政府干预，公司治理与IPO募集资金投向变更 [J].管理世界，2011（5）：127-139.

[75] 潘红波，夏新平，余明桂.政府干预，政治关联与地方国有企业并购 [J].经济研究，2008，4（4）：41-53.

[76] 潘红波，余明桂.支持之手，掠夺之手与异地并购 [J].经济研究，2011（9）：108-120.

[77] 潘越，潘健平，戴亦一.公司诉讼风险，司法地方保护主义与企业创新 [J].经济研究，2015（3）：131-145.

[78] 皮建才.中国地方政府间竞争下的区域市场整合 [J].经济研究，2008，3（11）：5-124.

[79] 平新乔.政府保护的动机与效果：一个实证分析 [J].财贸经济，2004（5）：3-10.

[80] 钱先航，曹廷求，李维安.晋升压力，官员任期与城市商业银行的贷款行为 [J].经济研究，2011（12）：72-85.

[81] 全国工商联.国有和民营企业发展速度及效益状况比较 [R].北京：全国工商联，2010.

[82] 芮明杰，宋亦平.中国国有企业改革的路径分析：管理创新对中国国有企业改革的意义 [J].上海经济研究，2001（8）：24-29.

[83] 沈立人，戴园晨.我国"诸侯经济"的形成及其弊端和根源 [J].经济研究，1990（3）：12-19.

[84] 盛斌，毛其淋.贸易开放，国内市场一体化与中国省际经济增

长：1985-2008 年 [J]. 世界经济, 2011 (11)：44-66.

[85] 师博, 沈坤荣. 市场分割下的中国全要素能源效率：基于超效率 DEA 方法的经验分析 [J]. 世界经济, 2008 (9)：49-59.

[86] 世界银行. 中国政府治理, 投资环境与和谐社会：中国 120 个城市竞争力的提高 [R]. 华盛顿：世界银行, 2006.

[87] 宋渊洋, 黄礼伟. 为什么中国企业难以国内跨地区经营？ [J]. 管理世界, 2014 (12)：115-133.

[88] 唐东波. 市场规模, 交易成本与垂直专业化分工：来自中国工业行业的证据 [J]. 金融研究, 2013 (5)：181-193.

[89] 田伟. 考虑地方政府因素的企业决策模型 [J]. 管理世界, 2007 (5)：16-23.

[90] 王华. 更严厉的知识产权保护制度有利于技术创新吗？ [J]. 经济研究, 2011 (2)：124-135.

[91] 王小龙, 李斌. 经济发展, 地区分工与地方贸易保护 [J]. 经济学, 2002, 1 (3)：625-638.

[92] 王小鲁, 樊纲, 余静文. 中国分省份市场化指数报告 (2016) [M]. 北京：社会科学文献出版社, 2017.

[93] 吴昊旻, 杨兴全, 魏卉. 产品市场竞争与公司股票特质性风险：基于我国上市公司的经验证据 [J]. 经济研究, 2012 (6)：101-115.

[94] 吴敬琏. 中国应当走一条什么样的工业化道路？ [J]. 管理世界, 2006 (8)：1-7.

[95] 吴小节, 蓝海林, 汪秀琼, 等. 市场分割的制度基础与概念内涵：基于组织社会学制度理论的视角 [J]. 2012 (1)：11-16.

[96] 吴延兵. 企业规模、市场力量与创新：一个文献综述 [J]. 经济研究, 2007 (5)：125-138.

[97] 吴延兵. 中国哪种所有制类型企业最具创新性？ [J]. 世界经济,

2012（6）：3-29.

[98] 肖文，林高榜.政府支持，研发管理与技术创新效率：基于中国工业行业的实证分析 [J].管理世界，2014（4）：71-80.

[99] 谢伟，胡玮，夏绍模.中国高新技术产业研发效率及其影响因素分析 [J].科学学与科学技术管理，2008，29（3）：144-149.

[100] 徐保昌，谢建国.市场分割与企业生产率：来自中国制造业企业的证据 [J].世界经济，2016（1）：95-122.

[101] 徐现祥，李郇，王美今.区域一体化，经济增长与政治晋升 [J].经济学（季刊），2007，6（4）：1075-1096.

[102] 严冀，陆铭.分权与区域经济发展：面向一个最优分权程度的理论 [J].世界经济文汇，2003（3）：55-66.

[103] 杨治，路江涌，陶志刚.政治庇护与改制：中国集体企业改制研究 [J].经济研究，2007（5）：104-114.

[104] 姚洋.非国有经济成分对我国工业企业技术效率的影响 [J].经济研究，1998，12（29）：16-21.

[105] 姚铮，金列.多元化动机影响企业财务绩效机理研究：以浙江民企雅戈尔为例 [J].管理世界，2009（12）：137-149.

[106] 叶宁华，张伯伟.地方保护，所有制差异与企业市场扩张选择 [J].世界经济，2017（6）：98-119.

[107] 银温泉，才婉茹.我国地方市场分割的成因和治理 [J].经济研究，2001（6）：3-12.

[108] 于立宏，郁义鸿.需求波动下的煤电纵向关系安排与政府规制 [J].管理世界，2006（4）：73-86.

[109] 余明桂，潘红波.政府干预、法治、金融发展与国有企业银行贷款 [J].金融研究，2008（9）：1-22.

[110] 袁建国，后青松，程晨.企业政治资源的诅咒效应：基于政治

关联与企业技术创新的考察 [J]. 管理世界, 2015 (1)：139-155.

[111] 臧跃茹. 关于打破地方市场分割问题的研究 [J]. 改革, 2000 (6)：5-15.

[112] 张德钢, 陆远权. 市场分割对能源效率的影响研究 [J]. 中国人口资源与环境, 2017 (1)：65-72.

[113] 张杰, 芦哲, 郑文平, 等. 融资约束, 融资渠道与企业 R&D 投入 [J]. 世界经济, 2012 (10)：66-90.

[114] 张杰, 郑文平, 翟福昕. 竞争如何影响创新：中国情景的新检验 [J]. 中国工业经济, 2014 (11)：56-68.

[115] 张杰, 张培丽, 黄泰岩. 市场分割推动了中国企业出口吗？[J]. 经济研究, 2010 (8)：29-41.

[116] 张军, 高远, 傅勇, 等. 中国为什么拥有了良好的基础设施？[J]. 经济研究, 2007 (3)：4-19.

[117] 张军, 吴桂英, 张吉鹏. 中国省际物质资本存量估算：1952—2000 [J]. 经济研究, 2004 (10)：35-44.

[118] 张平, 李世祥. 中国区域产业结构调整中的障碍及对策 [J]. 中国软科学, 2007 (7)：7-14.

[119] 张如庆, 张二震. 市场分割, FDI 与外资顺差：基于省际数据的分析 [J]. 世界经济研究, 2009 (2)：3-6.

[120] 张同斌, 高铁梅. 财税政策激励, 高新技术产业发展与产业结构调整 [J]. 经济研究, 2012 (5)：58-70.

[121] 张璇, 刘贝贝, 汪婷, 等. 信贷寻租, 融资约束与企业创新 [J]. 经济研究, 2017 (5)：161-174.

[122] 赵奇伟, 熊性美. 中国三大市场分割程度的比较分析：时间走势与区域差异 [J]. 世界经济, 2009 (6)：41-53.

[123] 赵树宽, 石涛, 鞠晓伟. 区际市场分割对区域产业竞争力的作

用机理分析 [J]. 管理世界, 2008 (6): 176-177.

[124] 赵永亮, 才国伟. 市场潜力的边界效应与内外部市场一体化 [J]. 经济研究, 2009 (7): 119-130.

[125] 赵玉奇, 柯善咨. 市场分割, 出口企业的生产率准入门槛与"中国制造" [J]. 世界经济, 2016 (9): 74-98.

[126] 郑辛迎, 方明月, 聂辉华. 市场范围, 制度质量和企业一体化: 来自中国制造业的证据 [J]. 南开经济研究, 2014 (1): 118-133.

[127] 郑毓盛, 李崇高. 中国地方分割的效率损失 [J]. 中国社会科学, 2003 (1): 64-72.

[128] 中国企业家调查系统. 新常态下的企业创新: 现状、问题与对策: 2015·中国企业家成长与发展专题调查报告 [J]. 管理世界, 2015 (6): 22-33.

[129] 钟笑寒. 地区竞争与地方保护主义的产业组织经济学 [J]. 中国工业经济, 2005 (7): 50-56.

[130] 周方召, 符建华, 仲深. 外部融资, 企业规模与上市公司技术创新 [J]. 科研管理, 2014, 35 (3): 116-122.

[131] 周黎安, 罗凯. 企业规模与创新: 来自中国省级水平的经验证据 [J]. 经济学季刊, 2005, 4 (3): 623-638.

[132] 周黎安. 晋升博弈中政府官员的激励与合作: 兼论我国地方保护主义和重复建设问题长期存在的原因 [J]. 经济研究, 2004, 6 (1): 33-40.

[133] 周黎安. 转型中的地方政府: 官员激励与治理 [M]. 上海: 格致出版社, 2008.

[134] 周勤. 纵向一体化测度理论评介 [J]. 经济学动态, 2002 (1): 79-83.

[135] 周煊, 程立茹, 王皓. 技术创新水平越高企业财务绩效越好

吗?: 基于 16 年中国制药上市公司专利申请数据的实证研究 [J]. 金融研究, 2012 (8): 166-179.

[136] 周业安, 赵晓男. 地方政府竞争模式研究: 构建地方政府间良性竞争秩序的理论和政策分析 [J]. 管理世界, 2002 (12): 52-61.

[137] 周业安, 冯兴元, 赵坚毅. 地方政府竞争与市场秩序的重构 [J]. 中国社会科学, 2004 (1): 56-65.

[138] 朱希伟, 金祥荣, 罗德明. 国内市场分割与中国的出口贸易扩张 [J]. 经济研究, 2005 (12): 68-76.

[139] 踪家峰, 周亮. 市场分割、要素扭曲与产业升级: 来自中国的证据 (1998~2007) [J]. 经济管理, 2013, 35 (1): 23-33.

[140] ALLEN F, QIAN J, QIAN M. Law, finance and economic growth in China [J]. Journal of financial economics, 2005, 77 (1): 57-116.

[141] ACEMOGLU D, JOHNSON S, MITTON T. Determinants of vertical integration: financial development and contracting costs [J]. The journal of finance, 2009, 64 (3): 1251-1290.

[142] ACHARYA V, XU Z. Financial dependence and innovation: the case of public versus private firms [J]. Journal of Financial Economics, 2017, 124 (2): 223-243.

[143] ADELMAN M A. Concept and statistical measurement of vertical integration [M]. Business concentration and price policy. Princeton university press, 1955: 281-330.

[144] AGHION P, AKCIGIT U, BERGEAUD A, et al. Innovation and Top Income Inequality [R]. National bureau of economic research, 2015.

[145] AGHION P, BLOOM N, BLUNDELL R, et al. Competition and innovation: an inverted-u relationship [J]. The quarterly journal of economics, 2005, 120 (2): 701-728.

[146] AMORE M D, SCHNEIDER C, ŽALDOKAS A. Credit supply and corporate innovation [J]. Journal of financial economics, 2013, 109 (3): 835 -855.

[147] ARNOLD U. New dimensions of outsourcing: a combination of transaction cost economics and the core competencies concept [J]. European journal of purchasing & supply management, 2000, 6 (1): 23-29.

[148] ARQUÉ-CASTELLS P. Persistence in R&D Performance and its implications for the granting of subsidies [J]. Review of industrial organization, 2013, 43 (3): 193-220.

[149] ARROW K. Economic welfare and the allocation of resources for invention [M]. The rate and direction of inventive activity: economic and social factors. princeton university press, 1962: 609-626.

[150] AUTY R. M. Sustaining development in mineral economics: the resource curse thesis [J]. Routledge Press, 1993.

[151] AYYAGARI M, DEMIRGüç-KUNT A, MAKSIMOVIC V. Firm innovation in emerging markets: the role of finance, governance, and competition [J]. Journal of financial and quantitative analysis, 2011, 46 (6): 1545-1580.

[152] BAI C, DU Y J, TAO Z, et al. Protectionism and regional specialization: evidence from China's industries [J]. Journal of international economics, 2004, 63 (2): 397-417.

[153] BAILEY W, HUANG W, YANG Z S. "Bank Loans with Chinese characteristics: some evidence on inside debt in a state-controlled banking system [J]. Journal of financial and quantitative analysis, 2012, 46 (6): 1795-1830.

[154] BECK T, DEMIRGüç - KUNT A, MAKSIMOVIC V. Financial and legal constraints to growth: does firm size matter? [J]. The journal of finance,

2005, 60 (1): 137-177.

[155] BHATTACHARYA U, HSU P H, TIAN X, et al. What affects innovation more: policy or policy uncertainty? [J]. Journal of financial and quantitative analysis, 2017, 52 (5): 1869-1901.

[156] BOLTON P, SCHARFSTEIN D S. A theory of predation based on agency problems in financial contracting [J]. The American economic review, 1990, 80 (1): 93-106.

[157] BRANDER J A, LEWIS T R. Oligopoly and financial structure: the limited liability effect [J]. The american economic review, 1986, 76 (5): 956 -970.

[158] BROLLO F, NANNICINI T, PEROTTI R, et al. The political resource curse [J]. The American economic review, 2013, 103 (5): 1759-1796.

[159] BROWN J R, FAZZARI S M, PETERSEN B C. Financing innovation and growth: cash flow, external equity, and the 1990s R&D boom [J]. The journal of finance, 2009, 64 (1): 151-185.

[160] BROWN J R, FAZZARI S M, PETERSEN B C. Financing innovation and growth: cash flow, external equity, and the 1990s R&D boom [J]. The journal of finance, 2009, 64 (1): 151-185.

[161] BROWN J R, MARTINSSON G, PETERSEN B C. Do financing constraints matter for R&D? [J]. European economic review, 2012, 56 (8): 1512-1529.

[162] BUZZELL R D. Is vertical integration profitable [J]. Harvard business review, 1983, 61 (1): 92-102.

[163] CAMPELLO M. Capital structure and product markets interactions: evidence from business cycles [J]. Journal of financial economics, 2003, 68

(3): 353-378.

[164] CANEPA A, STONEMAN P. Financial constraints to innovation in the UK: evidence from CIS2 and CIS3 [J]. Oxford economic papers, 2007, 60 (4): 711-730.

[165] CHEMMANUR T J, LOUTSKINA E, TIAN X. Corporate venture capital, value creation, and innovation [J]. The review of financial studies, 2014, 27 (8): 2434-2473.

[166] CHEN Y, PUTTITANUN T. Intellectual property rights and innovation in developing countries [J]. Journal of development economics, 2005, 78 (2): 474-493.

[167] CHEVALIER J A. Capital structure and product-market competition: empirical evidence from the supermarket industry [J]. American economic review, 1995, 85 (3): 415-435.

[168] CHEVALIER J, SCHARFSTEIN D. The capital structure and product-market behavior: liquidity constraints and the cyclical behavior of markups [J]. American economic review, 1995, 85 (2): 390-396.

[169] COASE R H. The nature of the firm [J]. Economica, 1937, 4 (16): 386-405.

[170] COLES J W, HESTERLY W S. The impact of firm-specific assets and the interaction of uncertainty: an examination of make or buy decisions in public and private hospitals [J]. Journal of economic behavior & organization, 1998, 36 (3): 383-409.

[171] CULL R, XU L C. Who gets credit? the behavior of bureaucrats and state banks in allocating credit to Chinese stateowned enterprises [J]. Journal of development economics, 2003, 71 (2): 533-559.

[172] CZARNITZKI D, HUSSINGER K. The link between R&D subsi-

dies, R&D spending and technological performance [J]. 2004.

[173] DINOPOULOS E, SYROPOULOS C. Rent protection as a barrier to innovation and growth [J]. Economic theory, 2007, 32 (2): 309-332.

[174] ENGEL C, ROGERS J H. Violating the law of one price: should we make a federal case out of it? [R]. Journal of money, credit, and banking, 2001, 33 (1): 1-15.

[175] ENGEL C, ROGERS J H. How wider is the border? [J]. The American economic review, 1996, 86 (5): 1112-1125.

[176] Engel C, Rogers J H. Relative price volatility: what role does border play? [J]. International finance discussion papers, 1998.

[177] FACCIO M, MASULIS R W, MCCONNELL J J. Political connections and corporate bailouts [J]. Journal of finance, 2006, 61 (6): 2597-2635.

[178] FAN C S, WEI X. The law of one price: evidence from thetransitional economy of China [J]. The review of economics and statistics, 2006, 88 (4): 682-697.

[179] FAN J P H, HUANG J, MORCK R, et al. Vertical integration, institutional determinants and impact: evidence from China [R]. National bureau of economic research, 2009.

[180] FAN J P H. Price uncertainty and vertical integration: an examination of petrochemical firms [J]. Journal of corporate finance, 2000, 6 (4): 345-376.

[181] FAN J P, WONG T J, ZHANG T. Institutions and organizational structure: the case of state-owned corporate pyramids [J]. Journal of law, economics and organization, 2013, 29 (6): 1217-1252.

[182] FANG L H, LERNER J, WU C. Intellectual property rights protec-

tion, ownership, and innovation: evidence from China [J]. The review of financial studies, 2017, 30 (7): 2446-2477.

[183] FERSHTMAN C, K L JUDD. Equilibrium incentives in oligopoly [J]. American economic review, 1987, 77 (5): 927-940.

[184] FINDLAY C, YINTANG D. Who won the "wool war"?: a case study of rural product marketing in China [J]. The China quarterly, 1989, 118: 213-241.

[185] FIRTH M, CHEN L, WONG S M L. Leverage and investment under a state-owned bank lending environment evidence from China [J]. Journal of corporate finance, 2008, 14 (6): 642-653.

[186] FROOT K, SCHARFSTEIN D, STEIN J. Risk management: coordinating corporate investment an financing policies [J]. Journal of finance, 1993, 48 (5): 1629-1658.

[187] FUDENBERG D, TIROLE J. A theory of exit in duopoly [J]. Econometrica: Journal of the econometric society, 1986: 943-960.

[188] GAMAUT R, HUANG Y. Growth without miracles: readings on the Chinese economy in the era of reform [J]. Oxford: Oxford university press. 2001.

[189] GARICANO L, HUBBARD T N. Firms' boundaries and the division of labor: empirical strategies [J]. Journal of the european economic association, 2003, 1 (2-3): 495-502.

[190] GARNAUT R, SONG L, YAO Y, et al. The emerging private enterprise in China [J]. Canberra: The national university of Australia press, 2001.

[191] GASPAR J, MASSA M. Idiosyncratic volatility and product market competition [J]. The journal of business, 2006, 79 (6): 3125-2152.

[192] GAYLE P G. Market structure and product innovation [J]. Boulder (Colorado) /university of Colorado, 2001: 1-15.

[193] GILBERT R, SHAPIRO C. Optimal patent length and breadth [J]. The RAND journal of economics, 1990: 106-112.

[194] GOLDSMITH R W. A perpetual inventory of national wealth [M] Studies in income and wealth, Volume 14. NBER, 1951: 5-73.

[195] GÖRG H, STROBL E. The effect of R&D subsidies on private R&D [J]. Economica, 2007, 74 (294): 215-234.

[196] Grossman G M, Helpman E. Integration versus outsourcing in industry equilibrium [J]. The quarterly journal of economics, 2002, 117 (1): 85-120.

[197] GROSSMAN S J, HART O D. The costs and benefits of ownership: a theory of vertical and lateral integration [J]. Journal of political economy, 1986, 94 (4): 691-719.

[198] HALL B H, LERNER J. The financing of R&D and innovation [M] North-Holland: Handbook of the economics of innovation, 2010, 1: 609-639.

[199] HALL L A, BAGCHI-SEN S. A study of R&D, innovation, and business performance in the Canadian biotechnology industry [J]. Technovation, 2002, 22 (4): 231-244.

[200] HARLEY C K. A review of O'Rourke and Williamson's globalization and history: the evolution of a nineteenth century Atlantic economy [J]. Journal of economic literature, 2000, 38 (4): 926-935.

[201] HART O, MOORE J. Property rights and the nature of the firm [J]. Journal of political economy, 1990, 98 (6): 1119-1158.

[202] HE J J, TIAN X. The dark side of analyst coverage: The case of in-

novation [J]. Journal of financial economics, 2013, 109 (3): 856-878.

[203] HE J, X TIAN. The dark side of analyst coverage: the case of innovation [J]. Journal of financial economics, 2013, 109 (3): 856-878.

[204] HIMMELBERG C P, PETERSEN B C. R&D and internal finance: A panel study of small firms in high-tech industries [J]. The review of economics and statistics, 1994: 38-51.

[205] HOU K, ROBINSON D T. Industry concentration and average stock returns [J]. The journal of finance, 2006, 62 (4): 1927-1956.

[206] HSU P H, TIAN X, XU Y. Financial development and innovation: cross-country evidence [J]. Journal of finance and economics, 2014, 112 (1): 116-135.

[207] HU A G, JEFFERSON G H. A great wall of patents: what is behind China's recent patent explosion? [J]. Journal of development economics, 2009, 90 (1): 57-68.

[208] HU A G. Ownership, government R&D, private R&D, and productivity in Chinese industry [J]. Journal of comparative economics, 2001, 29 (1): 136-157.

[209] IPPOLITO R A. The division of labor in the firm [J]. Economic inquiry, 1977, 15 (4): 469-492.

[210] IRVINE P J, PONTIFF J. Idiosyncratic return volatility, cash flows, and product market competition [J]. The review of financial studies, 2009, 22 (3): 1149-1177.

[211] JANUSZEWSKI S I, KOKE J, WINTER J K. Product market competition, corporate governance and firm performance: an empirical analysis for Germany [J]. Research in economics, 2002, 56 (3): 299-332.

[212] JEFFERSON G, ALBERT G Z, XIAOJING G, et al. Ownership,

performance, and innovation in China's large-and medium-size industrial enterprise sector [J]. China economic review, 2003, 14 (1): 89-113.

[213] KAMPS C. New estimates of government net capital stocks for 22 OECD countries, 1960 - 2001 [J]. IMF staff papers, 2006, 53 (1): 120-150.

[214] KARUNA C. Industry product market competition and managerial incentives [J]. Journal of accounting and economics, 2007, 43 (2): 275-297.

[215] KIM S. Economic integration and convergence: US regions, 1840 - 1987 [J]. The Journal of economic history, 1998, 58 (3): 659-683.

[216] KLEIN B, CRAWFORD R G, ALCHIAN A A. Vertical integration, appropriable rents, and the competitive contracting process [J]. The journal of law and economics, 1978, 21 (2): 297-326.

[217] KLEMPERER P. How broad should the scope of patent protection be? [J]. The RAND journal of economics, 1990: 113-130.

[218] KLETTE T J, MØEN J, GRILICHES Z. Do subsidies to commercial R&D reduce market failures? microeconometric evaluation studies1 [J]. Research policy, 2000, 29 (4-5): 471-495.

[219] MIDELFART-KNARVIK K H, OVERMAN H G, REDDING S J, et al. The location of European industry [M]. European commission, directorate-general for economic and financial affairs, 2000.

[220] KORNAI J. The soft budget constraint [J]. Kyklos, 1986, 39 (1): 3-30.

[221] KORNAI J, MASKIN E, ROLAND G. Understanding the soft budget constraint [J]. Journal of economic literature, 2003, 41 (4): 1095-1136.

[222] KUMAR A. Economic reform and the internal division of labour in

China: production, trade and marketing [J]. China deconstructs: politics, trade and regionalism, 1994: 99-130.

[223] LARSSON R, FINKELSTEIN S. Integrating strategic, organizational, and human resource perspectives on mergers and acquisitions: a case survey of synergy realization [J]. Organization science, 1999, 10 (1): 1-26.

[224] LICHTENBERG F R. The relationship between federalcontract R&D and company R&D [J]. The American economic review, 1984, 74 (2): 73-78.

[225] LIEBERMAN M B. Determinants of vertical integration: an empirical test [C]. Academy of management proceedings. academy of management, 1991 (1): 31-35.

[226] LIN J Y, CAI F, LI Z. Competition, policy burdens and state-owned enterprise reform [J]. American economic review, 1998, 88 (2): 422-427.

[227] LIN J Y, LI Z. Fiscal decentralization and economic growth in China [J]. Economic development and cultural change, 2000, 49 (1): 1-21.

[228] MACCHIAVELLO R. Financial constraints and the costs and benefits of vertical integration [J]. working paper, 2007.

[229] MAKSIMOVIC V. Capital structure in repeated oligopolies [J]. The RAND journal of economics, 1988: 389-407.

[230] MAURER B. Innovation and investment under financial constraints and product market competition [J]. International journal of industrial organization, 1999, 17 (4): 455-476.

[231] MEHLUM H, MOENE K, TORVIK R. Institutions and the resource curse [J]. Economic journal, 2006, 116 (508): 1-20.

[232] MELITZ M J. The impact of trade on intra-industry reallocations and

aggregate industry productivity [J]. Econometrica, 2003, 71 (6): 1695 – 1725.

[233] MOSER P. How do patent laws influence innovation? evidence from nineteenth – century world's fairs [J]. American economic review, 2005, 95 (4): 1214–1236.

[234] MOSHIRIAN F, TIAN X, ZHANG B, et al. Financial liberalization and innovation [J]. 2015.

[235] NANDA R, NICHOLAS T. Did bank distress stifle innovation during the great depression? [J]. Journal of financial economics, 2014, 114 (2): 273–292.

[236] NAUGHTON B. How much can regional integration do to unify China's marketts? [J]. How far across the river, 2003: 204–232.

[237] NORDHAUS W D. An economic theory of technological change [J]. The american economic review, 1969, 59 (2): 18–28.

[238] PAPYRAKIS E, GERLAGH R. The resource curse hypothesis and its transmission channels [J]. Journal of comparative economics, 2004, 32 (1): 181–193.

[239] PARK A, DU Y. Blunting the razor's edge: regional development in reform China [J]. Preliminary draft. university of michigan, 2003.

[240] PARSLEY D C, WEI S J. Convergence to the law of one price without trade barriers or currency fluctuations [J]. Quarterly journal of economics, 1996, 111 (4): 1211–1236.

[241] PARSLEY D C, WEI S J. Explaining the border effect: the role of exchange rate variability, shipping costs, and geography [J]. Journal of international economics, 2001a, 55 (1): 87–105.

[242] PARSLEY D C, WEI S J. Limiting currency volatility to stimulate

goods market integration: a price based approach [J]. NBER working paper, 2001b.

[243] PERRY M K. Vertical integration: determinants and effects [J]. Handbook of industrial organization, 1989, 1: 183-255.

[244] PONCET S. A fragmented China: measure and determinants of Chinese domestic market disintegration [J]. Review of international economics, 2005, 13 (3): 409-430.

[245] PONCET S. 中国市场正在走向"非一体化"? —中国国内和国际市场一体化程度的比较分析 [J]. World economic forum, 2002, 01.

[246] Poncet, S. Measuring Chinese domestic and international integration [J]. China economic review, 2003a, 14 (1): 1-21.

[247] Poncet S. Domestic market fragmentation and economic growth in China [J]. The 43rd european congress of the regional science association, 2003b.

[248] POVEL P, RAITH M. Financial constraints and product market competition: ex ante vs. ex post incentives [J]. International journal of industrial organization, 2004, 22 (7): 917-949.

[249] QIAN Y, WEINGAST B R. Federalism as a commitment to perserving market incentives [J]. The journal of economic perspective, 1997, 11 (4): 83-92.

[250] QIAN Y, ROLAND G. Federalism and the soft budget constraint [J]. American economic review, 1998, 88 (5): 1143-1162.

[251] RAJAN R G, ZINGALES L. Financial dependance and growth [J]. American economic review, 1998, 88: 559-586.

[252] RIORDAN M H. Anticompetitive vertical integration by a dominant firm [J]. American economic review, 1998: 1232-1248.

[253] ROBERTS J. Designing incentives in organizations [J]. Journal of institutional economics, 2010, 6 (1): 125-132.

[254] SAMUELSON P. Theoretical note on trade problem [J]. Review of economics and statistics, 1964, 46 (2): 145-164.

[255] SCHUMPETER J A. Capitalism, socialism, and democracy (3d Ed) [J]. New York: Harper, 1950.

[256] SCOTT J. Firm versus industry variability in R&D intensity R&D patents and productivity [M]. Chicago: University of Chicago Press, 1984: 233-248.

[257] SERU A. Firm boundaries matter: Evidence from conglomerates and R&D activity [J]. Journal of financial economics, 2014, 111 (2): 381-405.

[258] SHLEIFER A, VISHNY R W. Politicians and firms [J]. The quarterly journal of economics, 1994, 109 (4): 995-1025.

[259] SHLEIFER A, VISHNY R W. A survey of corporate governance [J]. Journal of finance, 1997, 52 (2) : 737-783.

[260] SMITH A. The wealth of nations, Book 1 [M]. London: Methuen & Co, 1776.

[261] STIGLER G J. The division of labor is limited by the extent of the market [J]. Journal of political economy, 1951, 59 (3): 185-193.

[262] TAN Y, TIAN X, ZHANG C, et al. Privatization and innovation: evidence from a quasi-natural experience in China [J]. Unpublished working paper, 2014.

[263] TELSER L. Cutthroat competition and the long purse [J]. Journal of law and economics, 1966, 9 (1): 259-277.

[264] TONG T W, HE W, HE Z L, et al. Patent regime shift and firm innovation: evidence from the second amendment to China's patent law [C]. A-

cademy of management proceedings, 2014 (1): 14174.

[265] WEDEMAN A H. From Mao to market: rent seeking, local protectionism, and marketization in China [M]. Cambridge: Cambridge University Press, 2003.

[266] WILLIAMSON O E. Transaction-cost economics: the governance of contractual relations [J]. The journal of law and economics, 1979, 22 (2): 233-261.

[267] WOODRUFF C. Non-contractible investments and vertical integration in the Mexican footwear industry [J]. International journal of industrial organization, 2002, 20 (8): 1197-1224.

[268] XU X. Have the Chinese provinces become integrated under reform? [J]. China economic review, 2002, 13: 116-133.

[269] YOUNG A. The razor's edge: distortions and incrementalreform in the People's Republic of China [J]. The quarterly journal of economics, 2000, 115 (4): 1091-1135.

[270] YOUNG P T. Auditory localization with acoustical transposition of the ears [J]. Journal of experimental psychology, 1928, 11 (6): 399.

[271] YOUNG A. The razor' s edge: distortions and incremental reform in The People' s Republic of China [J]. Quarterly journal of economics, 2000, 115 (4): 1091-1135.

[272] ZINGALES L. Survival of the fittest or the fattest? exit and financing in the trucking industry [J]. Journal of finance, 1998, 53 (3): 905-938.